地球の危機！世界を支配する陰謀の正体

栗原幸男

たま出版

はじめに

この世の中は、我々《われわれ》一人一人の力は微力で、社会全体が見えている人はいません。

それでも、地球上にまるで透明な指揮者が存在するかのように、世の中がある方向に効率よく進んでいます。我々は、主体的に生きているのではなく、何か見えない力に導かれて生きているような気がします。

また、この世の中は不幸な事件や事故が多く、その原因が不明のままにされていることが多いです。

私は何か本当の大事なことが隠されているような気がします。

私は東日本大震災の揺れ方がとても不自然で、また、福島原子力発電所事故も偶然が重なり過ぎて不自然に思いました。しかし、日本政府とマスコミ報道が何もおかしいと言わないので、これは裏があると悟りました。

そこで、私はオカルト、精神世界、陰謀論等の分野を勉強して、この世の中は裏から強力な勢力に支配されていることを知りました。私は宗教団体や秘密結社に所属していませんし、宇宙船（UFO）に連れていかれて、このような話を聞いた訳ではありません。

この本は、地球の支配者たちが人類に隠している内容を予想して、一般の方々に短時間で概要を分かっていただくように、まとめたものです。第1章と第2章は、地球人類が裏から支配されている歴史を太古から現代まで振り返ります。第3章では私自身が体制側と危険な関係である事例を紹介し、第4章ではこれらを踏まえて、私たち人類が正しい方向に向かうためにはどうしたらよいのか考えたいと思います。

ところで、地球の隠れた支配者は、一般市民の皆さんを奴隷として統治するため、都合の良いように洗脳してきたようです。この洗脳は非常に強固であるので、皆さんが自分の目を覚ますことは本当に大変なことと言われています。

しかし、皆さんの洗脳が解除されない状態では、この本に書いてあることが全て嘘《うそ》に思えてしまいます。私としては、皆さんを助けるためには、この本の内容を解ってもらう必要があります。

そこで、ここが勝負どころ、踏ん張りどころです。皆さんは、この本を少し読んでみて、違和感を覚えて苦しいときは、少し休んでください。支配者は、私たちが支配者の秘密に近づこうとすると私たちの頭が痛くなるように術をかけています。この本の一部に共感ができる箇所が見つかりましたら、他の人と話したりしてみてください。読みやすい項目だけを拾い読みしていただいても結構です。工夫しながら、この裏の世界の話に少しずつ慣れてください。

この本を一通り読んでも気持ちが悪くならなければ、その方は洗脳から覚めたか、あるいはそれほど強く洗脳されていなかったと思われます。しかし、どうしても苦しくて無理な方には、この本を読むのを止めていただいて結構です。

一人でも多くの方の洗脳が解けたなら、それは私たち地球人類にとってはおめでたいこと、素晴らしいことです。頑張ってください。

目次

第2章 地球社会の見方(2) ——人類はこうして災いに遭ったのか—— 027

第2部 捕捉・解説編

第1部

真実編

第1章 地球社会の見方(1)
――人類はこうして生まれたのか

▼第1章へようこそ

本書「地球の危機！　世界を支配する陰謀の正体」にようこそ。私たち一般市民は、地球の指導者から本当の地球の仕組みと歴史を教えてもらっていません。それでも、私たちは地球の指導者の力に導かれて生きています。

太古の昔のことは、神様が宇宙を創った、地球を創った、人間を創ったという神話が残されているだけです。神話のままで、ずっと謎に包まれています。

そこで、私が参考図書に挙げた陰謀論関係の書籍や雑誌を参考にして、また、現在の地球の残された遺跡や伝承も参考にして、このような「地球と人類の歴史」の見方が真実に近いのでは、と考えたことをまとめてみました。

この私の見方は、これまで政府、役所、学校やマスコミが皆さんにしてきた説明と大きく異なっています。そこで、このような陰謀論の分野に慣れていない方は衝撃を受けますので、ご注意ください。皆様は縁あって地球に生まれてきましたので、本当のことを知っていてもよいと思います。

この第1章では、太古の地球では宇宙人がどのような活動を行って、人類にどのように影響を与えたのかについて紹介したいと思います。

▼太古から地球には宇宙人が来ていた

日本政府とマスコミは、一般の皆さんに対して、地球には宇宙人は来ていないと説明しています。この宇宙には宇宙人がいるかもしれないが、遠い星から地球にたどり着くのは難しいとされています。

ところが、陰謀論の分野を調べていくと、この広大な宇宙には、著しく知能が発達して、高度な科学技術を持った、１６０種もの多様な宇宙人の種族が存在していると言われています。そして、おそらく地球が誕生した直後から、彼らは地球を訪れて様子を観察していたと言われています。宇宙人たちが乗る宇宙船は、遠い宇宙からでも短時間で地球に到着できるようです。

そして、あるときは金をはじめとする必要な鉱物を採取したようです。また、あるときは生物の種をまいて生物の進化の研究を行っていて、恐竜の進化も研究対象であったようです。

地球人は独りぼっちではなかったのです。

▼爬虫類型宇宙人による地球植民と人類創造

地球を訪れていた宇宙人の中で、地球人類に最も関わりが深いのは爬虫類型宇宙人と言われています。彼ら爬虫類型宇宙人の種族は、約20万年前に地球を植民地にするために侵入し、地上に類人猿の種まきを行ったようです。

そして、爬虫類型宇宙人は、地上で繁殖した類人猿に対して自分たちの遺伝子を組み込む（遺伝子）操作を行い、地球人類へと進化させました。この遺伝子操作の過程で、人類が超能力を使えないように能力を制限し、寿命も100歳に抑えて、人類が宇宙人たちに逆らえないように処置しました。

宇宙人たちは、創造した地球人類を役務に利用するとともに、人類の一部は宇宙人の食料として利用しました。月にある彼らの基地で食料へと加工したと言われています。

まさに、爬虫類型宇宙人は地球を牧場にして、人類を品種改良し、家畜兼奴隷として飼っていたのです。この様子が「神様が人間を創った」という神話になりました。つまり神様とは宇宙人のことだったのです。

▼地球の支配体制と支配本部

さらに、爬虫類型宇宙人は、６万年前に地球に集まって支配本部を作ったようです。参加した宇宙人は次の７種族と言われています。ちなみに爬虫類型宇宙人の外見はヒト型とされています。

- **ドラコニアン**……戦闘的、陰謀に長《た》ける。身長２ｍ以上、全身に鱗《うろこ》あり、翼を持つ者もいる
- **レプティリアン**……戦闘的、覇権主義、身長１・５ｍ～２．４ｍ、全身に鱗あり、尾を持つ者もいる。瞳に縦スリット、寿命２千歳
- **プレアデス**……良心的、頭髪がない
- **アンドロメダ**……良心的
- **アヌンナキ**……ニビル星に住む

●**シリウス**……身長10ｍ
●**リラ**……身長10ｍ

支配本部の宇宙人の中では、ドラコニアンが最も主導的な立場にあり、レプティリアンがそれに次ぐ立場にあったと考えられます。

地球支配本部は、ヒマラヤ、チベットの地下深くにあるシャンバラという地下基地に置かれました。爬虫類型宇宙人は地下深い場所に潜ることが得意です。地球には宇宙人の地下基地が多数設置され、それらは地下トンネルでつながってネットワークを構成していたと言われています。

▼ムー文明の繁栄とムー大陸沈没

太古の地球の太平洋には、ムー大陸またはレムリア大陸と呼ばれる大きな大陸が存在していたと言われています。爬虫類型宇宙人のドラコニアンは、最初にこのムー大陸に入植したようです。

ドラコニアンはムー大陸に住んでいた類人猿に自分の遺伝子を組み込んで、進化させた人類（カラ族、クル族）を創ったようです。そして自分は支配層の王族となり、人類を国民として指導しながら国造りを行ったと思われます。このムー文明（レムリア文明）は、高度な文明が長く繁栄して、後世に大きな影響を与えたと言われています。

その一方で、ムー文明は次の項目で紹介するアトランティス文明と対立して、戦争を行ったようです。

ところで、この繁栄していたムー大陸が、2万5千年前に突如として太平洋に沈んでしまいました。原因は宇宙戦争による核攻撃とも言われています。このとき、ムー大陸の北西の端に位置していた日本列島は奇跡的に残ったようです。まさに、日本列島は神の国なのです。ムー大陸の住民で助かった人々は他の大陸や、地下の都市へ移住したと言われています。

▼アトランティス文明の繁栄とアトランティス大陸沈没

一方、太古の地球の大西洋には、アトランティス大陸と呼ばれる大陸が存在していたと言われています。こちらのアトランティス大陸には爬虫類型宇宙人のレプティリアンが入植して、支配欲と物欲を尊ぶ国を作ったようです。

そして、支配欲・物欲を嫌うムー文明と対立して、戦争を行ったと思われます。ムー大陸が沈んだ後は、このアトランティス文明が大いに栄えたようです。

ところが、こちらの繁栄していたアトランティス大陸も、１万5千年前に突然大西洋に沈んでしまったと言われています。こちらの原因も宇宙戦争かもしれません。

▼ドラコニアンの東大国の繁栄

アトランティス大陸が沈んでからは、ムー文明を引き継ぐドラコニアンが、地球上のユーラシア大陸、アフリカ大陸、オーストラリア大陸、南・北アメリカ大陸にまたがった広大な国を作りました。この国は、「東大国、東表国、ティルムン」と呼ばれました。

なお、東大国の山幸彦ホホデミ王（スサダミコ王、ヨセフ王）が、広大な国土を次の五つのブロックに分け、各地に王を派遣して統治したという記録があります。

- **中原**……東アジア、東南アジアの地域、都は日本の九州
- **北原**……中央アジアから北極圏を含む地域、都はカザフ
- **西原**……アフリカ大陸、都はジンバブエ
- **南原**……オーストラリア大陸とニュージーランド、都はニュージーランド・

マヌカウ（オークランド市）

●**東原**……北アメリカ大陸と南アメリカ大陸、都はアラスカ・ジュノー

各地ではドラコニアンの叡智《えいち》に基づく高度な文明が発展したと想像されます。山幸彦ホホデミ王は宇宙船に乗って、上空から諸国を見守ったと伝えられています。また、この時期のヨーロッパ地域は、レプティリアンの勢力圏になっているため、東大国に含まれていないと考えられます。

現在残っているエジプトのピラミッド、イースター島のモアイ像、メキシコのピラミッド、インカの遺跡、ナスカの地上絵等の古代遺跡は、大部分が東大国の遺産と思われます。この時期は日本の縄文時代に相当しますので、東大国の文明は縄文文明とも言えます。

▼ドラコニアンの地下基地ネットワーク

また、ドラコニアンは地球各地の地下深い場所に基地を造り、それらを地下トンネルで結んでネットワークを造っていました。地下基地には宇宙船や財宝が隠されていたと言われています。

地下基地が存在すると言われている場所は、次のとおりです。

日本の富士山、ヒマラヤのシャンバラ、ロシアのカフカス山脈、トルコのカッパドキア、レバノンのバールベック、エジプトのピラミッド、イギリスのストーンヘンジ、アメリカ・カリフォルニアのシャスタ山、アメリカ・ケンタッキーのマンモス・ケーブ、ブラジルのイグアス滝、アンデスのティワナク。

▼ノアの大洪水と治水

ところが、東大国が繁栄していた6千年前の地球に、今度はノアの大洪水が発生し、大部分の地表が一気に水没してしまいました。これも宇宙戦争による攻撃かもしれません。

東大国は多くの国土と地下基地が大洪水の被害に見舞われ、各地の都の機能が破壊され、大勢の国民の命が犠牲になったのではと思われます。

なお、東大国のアメノヨソヨロズタマ王（ウソリ王、禹《う》王、ウトナピシュティム王）とタカミムスビ王（タミアレ王、夏后啓王、ギルガメシュ王）が、大洪水時代の治水事業に尽くしたという話が伝わっています。

▼地球規模の壊滅的被害

このように太古の地球においては、ムー大陸の沈没、アトランティス大陸の沈没、ノアの大洪水と地球規模の巨大な災害が発生し、繁栄していた人類と文化に壊滅的な被害を出しました。

これらの大災害は宇宙人同士の戦争が原因かもしれません。爬虫類型宇宙人の中ではドラコニアンとレプティリアンが鋭く対立していますし、爬虫類型宇宙人全体としても他の宇宙人種族と対立している可能性があります。

運良く生き残った地球人類も、歴史を原始時代からやり直すしかなかったと思います。

▼第1章のまとめ

慣れていない方には衝撃的な内容ですが、これが真実に近い話として受け止めてほしいと思います。皆さんが地球の日本に生まれてきた意味が分かってくるとよいと思います。

第1章をまとめると、太古の時代、爬虫類型宇宙人が地球に侵入して、類人猿に遺伝子操作を施して地球人類を創造しました。宇宙人たちは人類の一部を食料にするとともに、自ら王となって人類を従え王国を造りました。しかし、地球に異変が何度も起こり、絶滅の危機を経験しました。

このように、地球を植民地として支配している宇宙人たちは、我々地球人類に対してその事実を完全に隠しています。神話にしてごまかしています。高度な文明を持つ東大国が世界に広がっていた事実も、日本の九州が東大国の都だったことも完全に隠しています。

第7章 地球社会の見方(2)

――人類はこうして災いに遭ったのか

▼第2章へようこそ

私が、参考図書に挙げた陰謀論関係の本や雑誌、地球に残された遺跡や伝承を参考にして、このような見方が真実に近いのではと考えた「地球と人類の歴史」を紹介しています。この見方は、日本政府やマスコミの説明と大きく異なっており、慣れていない方は衝撃を受けますのでご注意ください。

第1章は変な話でしたが、第2章も変な話が長く続きます。皆さんが読んでいる最中に頭が痛くなったり、気持ちが悪くなったりしたら、無理をせずに休んでください。地球の支配者は、人類が支配者の秘密に近づこうとすると自分の頭が痛くなるように、催眠術をかけています。この裏の世界の話には、少しずつ慣れることがコツです。

この第2章では、地球を新たに支配することになった爬虫類型宇宙人が、どのような体制で地球人類を現在まで支配し、そして、どのような問題が発生しているかを紹介します。

なるべく歴史上の出来事と関係づけて、分かりやすくお話ししたいと思いますので、お付き合いください。

▼地球支配体制の変化

6千年前のノアの大洪水から紀元前8世紀頃の間に、宇宙戦争が影響しているのか不明ですが、おそらく、ヒマラヤ・チベットの地下深くのシャンバラにある爬虫類型宇宙人の地球支配本部において変化がありました。戦闘的な爬虫類型宇宙人のドラコニアンが主流派の座から追われ、別の戦闘的な爬虫類型宇宙人レプティリアンが新たに主流派の座についたと予想されます。

新しく地球の支配者になったレプティリアンの統治は、それまで地球を統治していたドラコニアンと比べて、アトランティス大陸での悪政の記憶もよぎり、先行きに不安を覚えます。

▼レプティリアンのユーラシア大陸侵入と人類創造

新たに地球支配の主導権を握ったレプティリアンは、まずユーラシア大陸に侵入し、そこに住んでいた類人猿に自分の遺伝子を組み込んで、進化させた人類（アーリア人、アッシリア人、漢人）を創造しました。そして自分は支配層の王族となり、創った人類を国民として指導し、国造りを行いました。

レプティリアンは好戦的ですから、配下のアーリア人、アッシリア人、漢人の軍隊を周囲にあるドラコニアンの東大国の領地へ侵入させました。

西アジアでは、まずアッシリア王国を造って、周辺にあった東大国の首都カザフや都市トロイ等を侵略しました。エジプトも途中からレプティリアン側の王朝にかわったと思われます。やがてペルシア帝国を造ってこの地方を統一します。

南アジアではアーリア人がインドに侵入し、東大国側の都市モヘンジョダロ等を侵略しました。

東アジアでは、まず秦、続いて前漢、後漢を造って、東大国側の齊などを侵略しました。

ヨーロッパでは、ローマ共和国、ローマ帝国を造って、周辺の東大国の文明を破壊しました。

なお、アフリカ大陸と、オーストラリア、北アメリカ大陸、南アメリカ大陸には、15～16世紀の大航海時代になってから、ヨーロッパの体制側の国々が侵略しました。

▼ドラコニアンの東大国の退却

地球上のかなりの部分を統治していた東大国では、ノアの大洪水による後遺症と、後ろ盾であるドラコニアンの力が弱まったため、国の力が著しく衰えてしまいました。続々と国境を越えて侵入してくるレプティリアン側の勢力を、もはや阻止することができません。

東大国側は核兵器を用いて反撃したと思われますが、レプティリアン側が世界各地の戦いに連戦連勝したようです。東大国では国の中心をインダスに置いていましたが、レプティリアン側の激しい攻撃に押されて、国の中心をインドのデカン高原、次に中国大陸へ移しながら退却し、最後は日本列島に逃げ込んだと考えられます。

世界各地で生き残った東大国の王族たちは、各地の都と地下基地を封印し、必要な国民を連れて、続々と日本列島に避難したと思われます。例えば、中国の春秋戦国時代の「齋」が、秦の攻撃に耐えられず日本列島へ逃げて、出雲国になったと言われています。

▼レプティリアン――東大国戦争の跡

レプティリアンと東大国との戦争の跡を見ると、東大国で栄えていた都市が核攻撃を受けたように廃墟になったり、都市周辺が砂漠化したりしています。例えば、トルコのカッパドキア、エジプトのピラミッド、パキスタンのモヘンジョダロが廃墟となり、北アフリカ、中東、中央アジア、オーストラリア、北アメリカの太平洋側が砂漠化したと見られます。

レプティリアン側が核兵器を用いて攻撃したかもしれませんが、私は東大国側が自分の拠点を退去する際に核兵器で自爆し、敵が拠点と地下基地を利用できないようにしたと解釈します。

▼レプティリアンによる地球支配

ドラコニアンの東大国は日本列島に辛うじて存続するだけとなってしまいました。

レプティリアンは配下のアーリア人、アッシリア人、漢人を世界各地に進軍させ、旧東大国の住民を殺害したり、文化を破壊したり、古文書を焼却してりして、覇権主義的に支配地域を拡大していきました。

レプティリアン側が造った国では、生き残った住民にキリスト教、イスラム教、仏教等の宗教教育や、学校教育を施しました。そして、旧約聖書を経典に用いて、支配体制側に都合が良いように、住民に対して奴隷的な洗脳教育を行いました。

▼日本の九州時代

日本列島にはレプティリアンに追われた東大国の王族たちが集まっていて、弱体化したとはいえ、ドラコニアンも日本列島の地下基地にいます。東大国は核兵器も保有しているため、レプティリアン体制側は日本列島の取り扱いには特に慎重になったと思います。

紀元前7世紀、体制側のレプティリアンの中から、ついに天孫族・神武天皇が選ばれ、宇宙船に乗って東大国の日本列島上空に飛来し、都がある九州に降り立ったと考えられます。この様子が天孫降臨の神話になっています。

天孫族は日本の人々に歓迎されずに、東大国の王族たちと戦争を続けたようです。この頃の様子が、邪馬台国と狗奴国との対立として伝わっているのではと思われます。この戦争はやがて天孫族側が勝利し、東大国の王族たちを束ねる天皇の役割を果たすようになったと考えられます。

日本列島の首都は、時代が進むにつれ、九州から近畿へ遷都されたと見られます。

▼地球人類の生産活動への使役

レプティリアンによる地球支配体制では、地球人類に対して、農業、漁業、鉱業、窯業、工業、土木、建築、運搬等の仕事をさせました。これにより、食料、衣糧、建物、道路等、地球社会の支配に必要なものを作らせました。

体制側は通貨を無制限に発行して経済を独占し、人類を安い賃金で働かせました。

仕事を細かく分けて限定された範囲の役務しか担当させず、全体の仕組みがばれないようにしました。

▼地球人類への危害

支配体制側は地球人類に仕事をさせて利用する一方、人類に対してさまざまな災難、苦難を与えてきました。

支配者のレプティリアンは宇宙船に乗って、あるいは地下基地から、地球上の環境を自在に制御できます。宇宙人には超能力があるので、念じるだけでさまざまな攻撃ができる可能性があります。

自然災害を装った攻撃として、大雨、干ばつ、高温、低温等の気象兵器、火災、地震、津波、火山噴火等の天災兵器があります。

また、伝染病のウイルスを作ってばらまく生物兵器、社会を裏から操って地球上に対立・戦争を起こし、双方に犠牲者を出させる消耗作戦もあります。

人類の人口を調整することが目的であると思いますが、基本的にレプティリアンには虐殺を楽しむような一面があります。

日本の大和時代(1)

日本列島では、世界各地から避難してきた東大国の各王族が、自分たちの文化を守っていました。そして、戦いに勝った天孫族が巻向遺跡のような都を大和に造り、天皇として王族連合をまとめていました。

ところが、天孫族の武烈天皇の時代についにレプティリアンの本性を現して、王族の身内と国民を虐殺する恐怖政治に走ったようです。これには弱っていたドラコニアンも堪忍袋の緒が切れ、ドラコニアンの血を引く継体天皇を立てて、武烈天皇を排除したのではないかと思われます。つまり、表向きは、天皇の系図上でレプティリアン系天孫族の皇統が続いているように見せて、実際は武烈天皇の後は、ドラコニアン系継体天皇の新しい皇統が始まったと考えられます。

日本の大和時代(2)

日本列島はドラコニアン側の皇統が平和的に統治していました。しかし、またいつ好戦的なレプティリアンが侵攻してくるかはわかりません。

そこでドラコニアンは国の体制を強くするため、飛鳥に中央集権の朝廷を創り、税を集めました。そして、西日本の沿岸に近い高台に防衛用の城を造り、兵を集めました。

　ところで、この大変な時期に、聖徳太子が突然現れて一時的に大和朝廷を助けます。私の見方では、聖徳太子は他の良心的な宇宙人ではないかと予想しています。異変が起きる直前に宇宙の聖人が派遣されて、人々に知恵を授けているのではと考えます。

▼唐による日本列島侵攻

　紀元後7世紀の中国大陸では、李氏レプティリアンが造った漢人の国「唐」の勢力が強大になりました。

　私は、唐は高句麗と百済を滅ぼした勢いで、宿敵ドラコニアンの本拠地である日本列島に攻め込んだと見ます。大化の改新、白村江の戦い、壬申の乱の事件は、それを暗示しているように思います。

　当時の日本は戦時体制により天智天皇が大津京を開いていました。まず船に乗った唐の大軍が九州北部を襲い、おそらく白村江の戦いのように唐側が海戦で圧勝したと思います。九州に上陸した唐軍は大宰府を拠点にして、大津京の天智天皇に対して、唐の命令に従って大胆な改革を行うか、あるいは天皇の位を唐側に明け渡すように要求したのではと思います。

天智天皇がこの要求に従わなかったため、おそらく壬申の乱のように近畿地方を戦場として、唐軍が大津朝廷に対する征服戦争を行ったと見られます。戦争の結果は唐側が勝利し、敗戦したドラコニアン側の皇統は奈良県の吉野に幽閉され、大津朝廷と行動を共にした貴族や、日本に避難していた高句麗の旧王族は、東国等へ追い払われたと予想します。

李氏レプティリアンは、ついにドラコニアンを破り、念願の日本列島を手に入れたのです。

▼唐による日本占領政策と平城京遷都

私は、日本を征服した唐の進駐軍は、日本を厳しく改革しようとして、かなり長期にわたって日本を統治したと見ています。ドラコニアンの皇統を幽閉している間に、唐の進駐軍から天武天皇~称徳天皇の9代の天皇を出したと予想しています。

唐側は、はじめは藤原京、次に平城京という唐様式の広大な都城を造営し、強固な中央集権制度を造りました。特に奈良に造られた平城京は、唐の長安城をよくまねしています。

そして、東大国で使っていた神代文字（アヒルクサ文字、イズモ文字、トヨノ文字、ヲシテ文字等）の使用を禁止し、唐が使用している漢字を日本でも使用するように命じました。

また、都合の悪い古文書を焼却して、神武天皇以前の東大国時代の歴史の記録を消しました。その上で、自分たちを正統化するための歴史書を作りました。

旧来から使用していた高句麗式の計量単位も、唐で使用している計量単位に改めました。

続いて、唐本国から仏教を導入して、平城京に東大寺と大仏、全国に国分寺を建てて、日本人を、仏教を利用して洗脳しました。また、東大寺に奈良朝廷の宝物を保存しましたが、ペルシア風の宝物が多く、ペルシア↓唐↓日本というレプティリアンの勢力拡大を表しています。ところで、日本列島は宝物を保存するには良い場所です。


唐との戦争で疲弊したドラコニアンの力は弱ってしまい、レプティリアン側進駐軍の厳しい改革を止めることはできません。日本の人々は奈良朝廷や唐と公式には妥協しながら、古神道、カタカムナ（次項で説明）等の東大国の文化を密かに伝承していきます。

ところが、唐の進駐軍が日本を統治していた時代の755年に、唐の本国で安史の乱が発生しました。反乱軍が唐の都を堕として燕国を建国する等、本国が一時大きな混乱に見舞われました。私の見方では、このとき唐の皇帝であった玄宗が秘密裏に楊貴妃とともに日本へ逃げて来て、奈良朝廷に合流したのではないかと予想しています。

▼東大国のカタカムナ

カタカムナとは、日本語の五十音（あ〜ん）の一つ一つが自然界の力や運動等の基本要素に対応しているという、古代の秘密の技術であり、この五十音を組み合わせて言葉にすることで、世の中の仕組みがわかり、生活に必要な技術を開発するヒントが得られるようです。

カタカムナの文字は東大国で使われていた神代文字よりさらに古く、宇宙船の表面に書かれている宇宙文字に近いものと思われます。

この東大国の秘術は、平氏と食氏が伝えていると言われています。

▼独立のための平安京遷都

しばらくして日本のドラコニアンの力が回復したらしく、幽閉されていた吉野を脱出して、奈良朝廷に反発し始めました。そして、京都にはじめは長岡京、次に平安京という大きな都城を造営し、ドラコニアンの血を引く桓武天皇から始まる京都皇統を作って、平城京と対立しました。

そして、おそらく、桓武天皇が奈良朝廷の称徳天皇を排除して、794年にようやく平安京への遷都が叶い、唐の進駐軍から独立できました。不思議なことに、京都皇統の天皇は、敵である奈良朝廷を支えた藤原氏を、平安京でも側近に起用しました。能力が優れていたためでしょうか。藤原氏は進駐軍の司令官なのでしょうか。

平安朝廷では、奈良時代に作られた歴史書を自分たちに都合の良いように修正しました。また、奈良時代に禁止されていた神代文字を仮名として復活させました。そして、源氏物語を出版して、主人公の色男・光源氏をからかいました。

平安京も平城京と同様に唐の長安城をまねて造られましたが、平安京は平城京や長安城と異なり、寺院をあまり置いていません。レプティリアンが計画した仏教による人々の洗脳を排除するためでしょうか。平安京はその後千年間も日本の都として続き、ドラゴニアンが好む京の文化を繁栄させました。

▼妥協の鎌倉幕府の成立

私の見方では、奈良朝廷の皇族は平城京を追われてから、東国の相模国に避難したようです。彼らは唐の玄宗の子孫なので、「玄宗」→「玄氏」→「源氏」を名乗り、関東で力をつけていきました。この頃に川崎の王禅寺や、鎌倉の大仏をつくったと見られます。

源氏は東国に今にも新しい都を創るほどの勢いがあり、平安朝廷は相当神経を尖らせました。私の見立てでは、源氏は自分が奈良朝で造った相模国分寺(海老名)近くの相模国府に陣取ったのではないかと思います。これに対して、平安朝も精鋭部隊を送り、相模川対岸に第二相模国府（平塚）を造り、対峙《たいじ》したのではないかと思います。

しばらくすると、ドラコニアンと李氏レプティリアンの妥協が成立したようで、1192年に源頼朝が鎌倉幕府を開きました。つまり、ドラコニアン側からは従来どおり平安京の天皇を出し、レプティリアン側からは新たに幕府の将軍を出して、日本を共同統治する新しい国の体制に移行しました。

妥協成立後に2カ所に分かれていた相模国府を統合して、第三相模国府（大磯）を造りました。そして、妥協を祈念して、ドラコニアン系神社とレプティリアン系神社が一堂に会する国府祭を開催しました。

▼南北朝の問題

ところが、この新しく発足した鎌倉幕府では、源氏による将軍がわずか3代で途絶えてしまい、その後の将軍職には平安京から皇族や貴族を招いて就任してもらいました。これは、ドラコニアン側が得意とする陰謀に見えます。レプティリアン側は約束が反故《ほご》にされたとして、相当怒ったはずです。

その後13世紀～14世紀に、平安朝廷が大覚寺統と持明院統、その後で南朝と北朝の二つに分裂して対立しました。本来ならば、天皇制の健全な維持はドラコニアンの重要な任務であるはずです。

私の見方では、怒ったレプティリアンが自分たちからも天皇と将軍を両方出そうとして、ドラコニアンと闘争を行ったと考えます。

▼仕切り直しの室町幕府の成立

私の見方では、レプティリアンが源氏の足利尊氏を動かして、１３３８年に新たな室町幕府の将軍にするとともに、朝廷にレプティリアンの血を引く北朝天皇の皇統を創ることをたくらんでいたのではないかと考えます。

さらに、このたくらみに逆切れしたドラコニアンが南朝天皇皇統を吉野に避難させて、対抗しました。

しかし、やがて両者は和解します。京都皇統については、表向きは北朝を継承するとしながら、実際は裏操作で南朝が続いているようです。室町幕府の将軍職の方は、15代全て足利氏が就きました。

つまり、南北朝が統一できた後は、天皇はドラコニアン側から、将軍はレプティリアン側から出すという盟約が結ばれたと見られます。

▼世界の主要産業の支配

体制側は人類を利用して、世界中の主要産業の権益を抑えました。陸と海の運搬、穀物の生産、鉱物資源の採取、焼物の生産、織物の生産、牧畜、土木建築、金融業、鉄の生産、医療、商業等さまざまな分野があります。

また、支配者は地球人の社会基盤を進化させて産業を効率化するため、人類に対して蒸気圧、火力、電気、さらに原子力等のエネルギーの使い方を順番に教えました。しかし、原料のない場所でエネルギーを得る技術、重力に逆らって物体を浮かせる技術は教えませんでした。

▼地球の支配体制

地球を支配している宇宙人たちは、秘密結社、王族、宗教団体、国際的大企業、国際機関、情報機関、軍隊といったさまざまな仕組みを作って、地球社会を統治しています。

レプティリアンが作った秘密結社はレプティリアン・イルミナティ、ドラコニアンが作った秘密結社はドラコニアン・イルミナティと呼ばれます。

支配者たちは、自分より前の支配者が残した遺跡を破壊したり、古文書を焼却したり、財産を横取りしたりします。

学校では地球人に本当の歴史と科学を教えません。

▼内戦後の江戸幕府の成立

室町幕府の後半から戦国時代となり、レプティリアンが源氏同士で覇権争いをさせて、強い皇統を創ろうとしたようです。

この内戦の時代を経て、日本を統一した源氏の徳川家康が１６０３年に江戸幕府を開くことを認められ、最後の15代まで徳川氏が将軍を出しました。

日本列島近海には、イエズス会等の欧米レプティリアンの活動が活発になっていて、危険を察知した江戸幕府と平安朝廷は鎖国政策を採りました。

江戸は大きな都市に発展し、レプティリアンが好む江戸の文化を繁栄させました。

▼東京への遷都と開国

江戸時代後期の１８０３年に、茨城県の鹿島の浜に宇宙船が漂着して、中から女性のヒト型宇宙人が出てきました。虚舟《うつろぶね》事件と呼ばれているものですが、私は良心的な宇宙人が日本に危機が迫っていることを教えに来たのではないかと思います。

この頃、欧米レプティリアン体制側のイギリス、フランス、アメリカ、ロシアが、まだ支配できていない日本を何とかしようとして、国を開かせる作戦を決行しました。日本の江戸幕府は抵抗しましたが、体制側の執拗《しつよう》な工作に揺さぶられ、次第に海外交易を認めるように方針が傾きました。

このとき、京都の寺関係の一人の女性が、山口県に住む南朝皇統末裔《まつえい》の男性と一時的に結婚して、生まれた子が1867年に明治天皇に即位したと言われています。そして、明治天皇は徳川幕府から大政奉還を受けると、王政復古の大号令を出して、都を平安京から東京（江戸）へ遷都しました。

この動きを見ていると、手ごわい欧米レプティリアンからの脅しに対抗するため、日本国内のドラコニアンと李氏レプティリアンが相談して、国内体制を再構築したように見えます。

すなわち、表向きは孝明天皇と明治天皇がつながっているように見せながら、江戸幕府を閉めてレプティリアンの血を引く将軍を廃止する代わりに、ドラコニアンとレプティリアンの両方の血を受け継いだ新たな東京皇統を創ったようです。東京皇統は、レプティリアン体制側の王族の一員になったかもしれません。

日本は欧米の国際社会に妥協して社会制度や生活習慣を取り入れながら、自主的に生き残る道を探っていました。そして、体制側が仕掛ける軍備増強・戦争への誘惑にさらされていきました。

▼ファティマの奇跡

第一次世界大戦の最中の１９１７年、ポルトガルのファティマという町にも、宇宙船からマリア像のような容姿の宇宙人が降り立って、集まった一般の人々に地球に危機が迫っていることを教えました。

この方の姿や話は子どもにしか分からなかったそうです。それは、地球人は爬虫類型宇宙人による遺伝子操作を受けていて、子どものときは少し超能力を持っているが、大人になると超能力が消えてしまうためかもしれません。

このポルトガルの事件は、日本の虚舟事件と同様、良心的な宇宙人による地球人の救済活動と見られます。

▼日本の第二次世界大戦参戦

第二次世界大戦はレプティリアン体制側が人類の人口削減をたくらんで実行しました。このとき、日本のドラコニアンが欧米のレプティリアンに挑発されて攻撃的になり、1941年に第二次世界大戦に参戦しました。昔の東大国が栄えた太平洋地域、中国大陸、東南アジアに進軍して、レプティリアン側から解放しようとしました。中国大陸では非漢人の満州国を造って攻勢に出ました。

この手口は、二つの勢力を作って対立させ、戦争で双方とも疲弊させるという体制側の常套《じょうとう》作戦です。この頃の日本の状況は、現在の北朝鮮と類似しています。

やはり戦争の結果は、無謀な戦闘による多数の日本兵の犠牲、日本列島への大規模空襲と原子爆弾攻撃による多数の民間人の犠牲が出て、日本の国民と国土は大いに疲弊してしまいました。

ここで、レプティリアンが日本を核攻撃したのは、昔、自分が東大国から核攻撃されたことへの復讐であると言われています。レプティリアンは執念深くて、昔に攻撃されたことを覚えているのです。

▼アメリカによる日本列島占領

1945年の日本の降伏の後、ロックフェラー氏レプティリアンが、配下のアメリカ軍とアメリカ情報機関を派遣して、日本列島を占領しました。そして、日本政府とマスコミを支配しました。第二次世界大戦後の日本は彼らが統治しているのです。

戦争で疲れたドラコニアンは、アメリカによる日本列島の占領を、抵抗せずに容認しています。ヨーロッパのレプティリアンよりはマシと思っているのでしょうか。

アメリカ進駐軍は、東京皇統がレプティリアン体制側の一員であるので、表向きは敗戦の責任を取って皇室の政治活動を禁じますが、裏ではアメリカ情報機関とつながって、国の復興を指導されたようです。

一方、北朝鮮では、ドラコニアンと満州にいた日本の関東軍の一部が裏から支援して、アメリカに対抗する共産主義国を建国したと言われています。

▼スポーツ・芸能、競争の振興

体制側は、人類がスポーツや芸能、遊びに熱中するように仕向けています。また、体制側は人類に対して、仕事、勉強や趣味において常に他人と競争することに奨励しています。体制側は、オリンピック、ノーベル賞、アカデミー賞、自動車レース等を開催して、これらの活動を盛り上げています。

このような取り組みは、人類に体制側の正体がばれないようにするのに役立っていると思われます。

▼核兵器・原子力発電の普及政策

体制側は、取り扱いが非常に危険な原子力技術を人類に教え、原子爆弾、水素爆弾、原子力発電の普及を強引に進めました。その結果、地球上の各地に必要以上の核施設が配備、配置されてしまいました。日本列島の沿岸には原子力発電所が並び、北朝鮮でも核兵器を作製しました。

他方、おかしなことに、支配者は核施設を廃棄処分する技術を人類に教えずにいます。核技術を導入したのは、「この世の終わり」に地表を放射能汚染させることが最終目的なのかもしれません。

▼冷戦とイデオロギー対立

レプティリアン体制側は、人類の社会を帝国主義国と社会主義国の2陣営に分けて、核兵器の開発競争をさせ、第三次世界大戦を起こそうとしました。

このときの第三次世界大戦は避けられましたが、帝国主義国が周辺国を侵略したり、社会主義国は国民を粛清したりして、特に旧東大国住民の少数民族が犠牲になりました。

つまり、体制側の宇宙人がイギリス、フランス、アメリカの指導者に取りついて、植民地の少数民族を滅亡するまで攻撃させました。また、体制側の宇宙人はソ連、ドイツ、中国の指導者にも取りついて、自国民を大量処刑（粛清）させました。

レプティリアンには、このように大虐殺を好んで行う一面があります。

また、体制側は各国に議会を作らせ、二つの政党グループを作って対立させ、支配者の正体がばれないようにしています。

▼大統領たちの体制側との闘い

アメリカのK大統領は、1963年11月22日にパレード中に暗殺されましたが、このときK大統領は地球が宇宙人に支配されていることを公表しようとしていたのではないかと言われています。暗殺の銃撃現場で、大統領と一緒にパレードの車に乗っていた大統領夫人は助かりました。

アメリカのC大統領もK元大統領と同様に、宇宙人が地球を支配していることを公表しようとしていたようです。そのため、体制側はC大統領に人間兵器として研修生を派遣しました。これが不倫疑惑のスキャンダルにされて、ついにC大統領の弾劾裁判へ発展してしまいました。このドタバタのおかげで宇宙人のことを公表する機会はありませんでした。

この他、ロシアのP大統領は、レプティリアン宇宙人による支配体制と闘っていることを公言していると、伝えられています。

▼体制側の攻撃パターン

体制側は、敵を攻撃する日程として、11日か22日、あるいは月と日付の数字の合計が11か22になる日程を好みます。理由は不明ですが、私は、レプティリアンの指の数が22本あるのかと想像しています。また、敵の年齢が69歳になってから暗殺することも多いと言われています。

さらに、敵を一度祭り上げてから、時機を見て落とす作戦も用いられます。それから、敵に賄賂を出す業者、美女、美男子等の人間兵器を派遣して、不祥事を作り出す作戦もあります。体制側は、念入りに複数の手段を駆使して攻撃を行うことが多く、そのうち一つが当たればよいと考えているようです。

▼地球環境の保護政策

体制側は配下の国際連合を使って、地球環境を保護しなければならないと言っています。人類が二酸化炭素の排出を減らさないと、地球の温度が上昇して将来困ると言っています。

しかし、実際には体制側の作戦により、農地からの農薬、工場からの排気・排水、病院での薬投与、原子力発電所からの放射性物質漏れ、汚染物質を船舶や航空機からわざとまいたりして、地球環境をますます悪化させています。

▼集積回路チップとコンピューターの開発政策

体制側は世界中に大規模な投資を行って、ＩＣ（集積回路）チップの開発と、ＩＣチップを搭載したコンピューターの開発に力を入れました。

このような先端技術は、時機が来ると体制側が抱えている欧米・台湾のキーマンに教えて、世界中を巻き込んで開発と製造を進めます。日本人は細かい生産技術が得意なため、これらを生産する役割として利用されました。

コンピューターを普及させて、業務を自動化することにより、地球社会を少数の人間で運営できるようにしました。さらにＩＣチップを物や人に取り付けることにより、これらの管理が容易になりました。

▼テレビ・インターネット振興

体制側はテレビ放送やインターネット通信等を運営して、人類を洗脳して世論を誘導したり、人類の動きを監視したりしています。

テレビに活躍する女性や同性愛者を映し、視聴者の関心が結婚や出産に向かわないように、人口が減るように誘導しています。

誰かが体制側に都合の悪い意見をインターネットに出したときは、その方は無視されて削除されるか、変な人にされて叩かれます。

▼アメリカ同時多発テロと宗教戦争

2001年9月11日、アメリカ・ニューヨークの高層ビルにハイジャックされた旅客機が自爆衝突して大きな被害を出しました。これも体制側が仕掛けた作戦です。体制側の宇宙人がテロリストとされている人に取りついて、実行した可能性があります。

このアメリカ同時多発テロ以降、中東地域がキリスト教徒対イスラム教徒という宗教戦争の様相になっています。実際は、テロ国家とされるアルカイダとイスラミックステート（ＩＳ）は体制側が支援していて、同じく体制側が動かしている欧米諸国、イスラエルと対立している芝居をしています。

これは、旧東大国が繁栄した中東地域を体制側の勢力が占領して、戦争のドサクサに紛れて、古代からの地下基地等を調べているのかと疑っています。

▼イベント会場の背景

体制側は、記者会見等の重要なイベントを実施するとき、会場の背景をチェック柄にすることを好みます。そう言えば、東京オリンピックのデザインも、自動車レースのゴールの籏も、チェスの盤面も皆チェック柄です。理由は不明ですが、私は、レプティリアンの肌がそのような模様なのかと想像しています。

▼東日本大震災と福島原子力発電所事故

２０１１年３月11日、今まで経験のないマグニチュード９・０という巨大で長周期の東日本大震災が発生しました。この地震で東北地方の太平洋岸に大津波が押し寄せ、甚大な被害が出ました。さらに、福島の原子力発電所が制御不能となり、核爆発を起こして放射物質を外部に漏らす大事故に発展しました。奇しくも11日は、体制側が攻撃日として好む日程です。

この東日本大震災の攻撃を行った主犯は、アメリカのレプティリアンという説と、ヨーロッパのレプティリアンという説が、両方あります。攻撃の目的は、対立するドラコニアンの本拠地である日本列島に揺さぶりをかけることと、福島原子力発電所の地下にあったドラコニアンの秘密の核兵器工場を破壊することだそうです。

レプティリアンはこの攻撃で東日本に人が住めなくなるくらいの被害を狙っていましたが、ドラコニアンが処置を行って、地殻破壊と放射能漏れがこの程度に抑えられたと言われています。

また、この攻撃は東京の皇室にお構いなく実施されていて、皇室を驚かすことも目的だったのでしょうか。

▼他の日本への地震攻撃

その他の日本列島を狙った地震としては、1995年1月17日の阪神淡路大震災は、古来日本の始まりの地である淡路島が狙われたように見えます。

２００４年10月23日と２００７年７月16日の新潟地震では柏崎原子力発電所が狙われました。

２０１６年４月16日の熊本地震も新しいタイプの地震であり、月と日付を足すと４＋１＋６＝11となり、体制側が好む攻撃日となっています。こちらは東大国の都があった九州を狙っているようです。

とにかく、日本各地に災害を起こして、ドラコニアンの地下基地を探しているのでしょうか。

▼人工知能とロボットの開発政策

レプティリアン体制側は、ＩＣチップとコンピューターの次に、人工知能（ＡＩ）技術とロボット技術を体制側お抱えのキーマンに教え、世界中に大規模に投資することにより、ＡＩを搭載したロボットの開発、実用化を推進しています。

日本政府とマスコミも体制側の作戦に乗せられています。特に、日本人は生産技術の確立が得意なので、利用されています。

そして、ＡＩ搭載ロボットが完成した暁には、生産活動やサービス役務をロボットにやらせようと目論んでいます。さらに、地球人類の人口が多過ぎるので、３分の１に削減しようとしていると言われています。

▼北朝鮮の核兵器開発と日本

おそらく、ドラコニアンは以前から日本列島の地下基地に核ミサイルを配備して、十分な防衛体制を敷いていると言われています。現在の日本国は、表からは日本政府を通じてレプティリアンに支配されていますが、裏からは天皇を通じてドラコニアンが支配する二重構造になっていると考えられます。

ドラコニアンは日本の他に北朝鮮も裏から操っていて、核兵器と核兵器搭載ミサイルの開発を先導していると見られます。また、ドラコニアンは日本、北朝鮮、イランの地下基地を地下トンネルで結んで、反レプティリアンのネットワークを作っているのではと予想されます。

また、北朝鮮の前Ｋ総書記が日本から拉致した女性の一人と結婚して、生まれた子が現Ｋ委員長になっていると言われています。ドラコニアンは朝鮮半島にも皇統を創るために、本人に断りもなく拉致して、裏工作を行っています。

北朝鮮は日本の兄弟国だったのです。

ドラコニアンは、地球社会を腐敗させたレプティリアンに対して、核兵器を用いた第三次世界大戦を仕掛けるつもりです。敵にも見方にも核戦争による犠牲者を出すことを承知済みです。ドラコニアンは実力が回復して好戦的になり、宇宙人同士の主導権を再び取ろうとしているのかもしれません。

▼第2章のまとめ

第2章を読んでいただき、ありがとうございます。宇宙人は寿命が千年単位と長いため、どうしても長い時間軸のお話になってしまいます。支配者による洗脳から完全に覚めていない方は、信じられない箇所が多々あると思いますが、ゆっくり時間をかけて慣れてください。

この第2章をまとめると、爬虫類型宇宙人が造った東大国が繁栄した後で、別の爬虫類型宇宙人が主導権を取って現在存在する地球社会を造り、東大国は日本列島に押し込められました。

新しい支配者は、人類を洗脳して地球社会の構築に酷使する一方、人類に災害や戦争に遭わせて大きな犠牲を出す悪政を行っています。また、現在主導権を取っている宇宙人とそれに反発している宇宙人との争いに巻き込まれて、人類が被害を受けています。

新しい支配者の勢力は日本列島に、①紀元前7世紀の天孫族の降臨、②紀元後7世紀の唐軍の侵攻、③20世紀のアメリカ軍の進駐と、計3回侵入があり、それぞれ大きな影響を社会に与えました。

爬虫類型宇宙人による地球支配を、皇統の創設と維持という観点でまとめてみました。このようなテーマは支配者が人類に隠している危険な部分ですが、宇宙人による地球支配の実態の一端を解ってもらえたら幸いです。

日本に関係する皇統として、東大国から続くドラコニアンの皇統、唐侵入以降のレプティリアンの皇統、明治維新以降のドラコニアンとレプティリアンの合同皇統、最近朝鮮半島に出来たドラコニアンの皇統があります。日本列島は古来より新旧の支配者が協力して国を統治するという、珍しい体制を採っています。

第3章 自分自身の経験

――体制側との危険な関係

▼第3章へようこそ

第1章～第2章では隠されてきた地球の支配者と人類の歴史を紹介しましたが、単に文章による説明だけでは、作り話ではないかと疑って、納得できない方がおられると思います。そこで、この第3章では私筆者が支配体制側とかなり危ない関係にある事例をご紹介し、このような世界観を理解するための助けにしたいと思います。

▼東日本大震災をきっかけに

　私は住まいと職場がある神奈川県内で、東日本大震災と福島第一原子力発電所事故を経験しました。独特な長周期地震が時間差で2回発生し、巨大な津波と大きな火災が各地で発生しました。そして、従来見たことのない激しい余震が長く続きました。

　このとき原子力発電所の方では何重ものハードウエアとソフトウエアの安全対策を破って、事故が深刻化し、建物が爆発するとともに、放射性物質を流出させました。

　これら両者とも自然に起きた災害・事故とはとても信じられませんが、日本政府とマスコミは不自然な点があることに何も触れませんでした。私は何か裏があると悟りました。

　そこで、私はオカルト、精神世界、古代文明、宇宙人、陰謀論等の分野を勉強したところ、この世の中が裏側から強力な勢力に支配されていて、それが一般の人に隠されていることが分かってきました。

▼支配体制側への反発

私が地球の支配者の正体を勉強することは、体制側から見れば不良の奴隷が出てきたということになるのでしょう。自分には超能力がなく体制側の姿は見えませんが、おそらく当初から私は常時監視しているように感じます。自分の上空によく飛行物体の音が聞こえます。

私がイベント開催を担当していたとき、業者からイベント会場の背景を体制側が好むチェック柄に変更するように何度か誘導がありましたが、断りました。

また、私が表彰制度の見直しを行っていたとき、環境問題の解決に貢献した賞を廃止してしまいました。環境問題は体制側にとって力を入れている政策であり、私のこのような行動はよろしくないと判断されたと思います。

▼人間兵器攻撃

体制側は、おそらく私を攻撃対象として、私が所属する組織に美女の人間兵器を派遣してきました。これは不祥事を作り出して、インターネットで叩いたり、辞任させることを狙っています。

派遣された方はこの組織に入ることを希望していた訳ではなく、体制側は人間兵器に使えると判断したら、本人への断りもなく裏操作を駆使して攻撃目標へ送っているようです。

私は無事でしたが、影響を受けた仲間がおかしくなったり、組織を辞めたりしました。自分のせいで派遣された方、影響を受けた方に迷惑をかけました。いや、本当に悪いのは我々一般市民ではなく、支配者が全て悪いのです。

▼一般市民との連携

私は地球の支配者の存在を知ってしまったので、誰にもそのことを話さないのが短期的には安全です。しかし長期的に見ると、一般の皆さんが体制側の策略に嵌《は》められないように、この分野の話を草の根運動として伝えていくことが重要であると考えました。

そこで、私は身近にいる方を対象として、「庶民の目線で歴史の裏に宇宙人が影響を与えているのでは」や「地球を訪れている宇宙人の正体に迫る」というような趣旨でお話しするイベントを計画しました。

第1回のイベントにはある程度の参加者がありましたが、イベント会場からの帰り道で、自転車に乗った自分の上だけに雨が降ってくるなど、体制側が不快感を示しているようでした。第２回のイベントのときは内容が少し危険な領域に入ったためか、参加者はいませんでした。これは、体制側が参加しそうな人に取りついて参加しないように誘導しているように見えました。

▼津久井やまゆり園テロ事件

２０１６年７月26日、神奈川県の津久井やまゆり園という福祉施設で、日本国内では珍しい大量殺人のテロ事件が発生しました。

また、翌日の７月27日には子宮頸がんワクチンによる薬害の被害者の団体が、全国の地方裁判所に提訴しました。体制側は配下の製薬会社に命令して、ワクチンにＩＣチップや毒物を混ぜておき、接種した人の管理を強化したり、健康を損なわせて人口を減らそうとたくらんでいます。

私は体制側が子宮頸がんワクチン訴訟のニュースを目立たなくするため、現在被疑者とされている人にレプティリアンが取りついて、テロ事件を起こしたと予想しました。そして、私はこのむごいテロ事件を黙認することはできず、福祉施設を運営している自治体に自分の見解をもっていきました。

しかし、このような私の行動は体制側によろしくないと判断されたようです。

▼台風兵器攻撃と家族攻撃

支配者は不良奴隷である筆者をいさめようとしていたと思います。

このテロ事件から1カ月ほどたった2016年8月22日、体制側は私が住んでいる関東地方に大型台風9号を上陸させるとともに、自分ではなくて、私の家族の1人を高所から転落させるという攻撃をしてきました。体制側は攻撃日として22日を好みます。関東地方では電車が止まる等の被害があり、私の家族は命だけは助かりましたが、大怪我《けが》をしました。

今回狙われた私の家族は少し前から体調を崩して、病院では精神疾患と診断されていましたが、実際には体制側の宇宙人が取りついていたのです。事故当日もその家族は私と一緒に自宅にいたのですが、転落する瞬間は記憶がなかったそうです。私が病院の集中治療室に面会に行ったときは、本人の目玉がクルクル回り、普段は言わないような過激なことを言って、悪い宇宙人が取りついているように見えました。どうもレプティリアンが暗殺を狙ったが、ドラコニアンが手を貸して命だけ助けてもらったように思えます。

体制側の攻撃はこれだけではありませんでした。この台風9号に続いて、大型台風10号が体制側の操作であり得ない進路をとって8月30日に東北地方に上陸し、岩手県の養護施設で大きな被害と多数の犠牲者を出してしまいました。この日程も8＋3＋0＝11と体制側が好む攻撃日となっています。

自分のせいで、東日本に大きな水害を呼んでしまい、多くの皆様に迷惑をかけてしまいました。自分の家族にも重傷を負わせてしまいました。いや、本当に悪いのは我々一般市民ではなく、支配者が全て悪いのです。

▼第3章のまとめ

自分の経験として、東日本大震災を契機に地球の支配体制を勉強して、ひどいことをする体制側に自分一人で反発してきました。しかし、体制側から余計に反撃を受けてしまい、結局、自分以外の犠牲者を増やしてしまいました。

自分の短い経験ですが、地球の支配者は見えないけれども確実に存在していて、私たち一般市民を、日常的に容赦なく攻撃していると実感しました。

第4章 地球社会の改善提案
——人類が正しい方向へ向かうように

▼第4章へようこそ

第1章と第2章では、地球が太古から爬虫類型宇宙人の植民地になっていて、特に現在の支配者の悪政により、地球人類が大きな犠牲になっていることを紹介しました。また、第3章では日本と筆者が体制側から攻撃された最近の事例を紹介しました。これらを踏まえて、第4章では奴隷扱いされている我々人類が正しい方向へ向かうために、今後どうしたらよいのか考えてみます。圧倒的な科学技術力を持った宇宙の支配者に対して、微力な人類に何かできることがあるのでしょうか。

▼この世の終わりの兆候

最近の次のような動きから、現在の地球社会に終わりの時期が近づいているような雰囲気があります。

- 前のローマ法王が生前に引退しています。
- 現在の日本の天皇が譲位を宣言しています。
- 世界の一般市民に識別（ＩＤ）番号をつけて、管理を強化しています。
- 世界の一般市民にパソコンやスマートフォンを持たせて、個人情報を収集しています。
- 日本企業が持っている重要な製造技術が、体制側の外国企業に買収されています。
- 重要な穀物の種子がノルウェーの島の地下深くに埋められています。
- 重要な美術品がデジタルデータにして収集されています。
- アメリカで同時多発テロが起こりました。
- 日本で東日本大震災が起こりました。
- イギリスが欧州連合から離脱することになりました。
- 日本企業が長く秘密にしてきた内部情報が外部に漏れています。

▼地球支配体制による人類削減計画

地球支配本部の爬虫類型宇宙人の中でも、種族によって方針が異なるようです。

●主流派で戦闘的なレプティリアンは、地球に訪れる危機を利用して、人類の人口を３分の１に削減し、自分たちの奴隷をＡＩ搭載ロボットに切り替えようと計画していると思われます。自分の血を分けた欧米と中国の一般市民も削減の対象になるでしょう。

●非主流派で良心的なプレアデスは、砂漠を緑化すれば人類を削減する必要はないと言っているそうです。

●非主流派で戦闘的なドラコニアンは、地球に訪れる危機を利用して、金権支配と覇権主義で堕落している主流派レプティリアンを、人類と一緒に排除することを狙っていると予想されます。人類の人口を３分の１に削減するつもりで、自分の血を分けた日本人も３分の１にすると言っています。

▼予想される人類削減攻撃――均等に間引く場合

体制側が人類全体を均等に間引くときは、次のような攻撃方法の可能性が考えられます。

●体制側配下の種苗会社が世界中の穀物の種の利権を独占し、ある時から種の供給を止める。

●体制側配下の石油元売り企業グループが、ある時から石油と天然ガスの供給を止めてしまう。

●体制側配下の製薬会社が新型インフルエンザのウイルスを作って、体制側に操られた航空会社が飛行機でウイルスをばらまく。

●体制側配下の製薬企業が毒入りワクチンを作って、体制側に操られた各国政府が国民にそのワクチンの接種を義務付ける。

●体制側配下の原子力発電所の保守請負企業が、各国の原発システムを誤動作させて、放射性物質の漏洩事故を起こす。

●体制側の宇宙人が一般市民に取りついて爆弾を作り、人が集まる場所で爆発させる。

●宇宙人が一般市民に取りついて自動車に乗り、人が集まる場所で暴走して多数の人をはねる。

●宇宙人が一般市民に取りついて刃物を用意し、人が集まる場所で刃物を刺して回る。

▼予想される人類削減攻撃――残す個体を選別する場合

体制側が残す個体を選別するときは、人類の認識番号と個人情報を集めたデータベースを見て、あらかじめ残す個体を選びます。そして、体制側が保有している大型宇宙船に残す個体を拉致して、地球内部の基地か、月にある宇宙基地等へ避難させます。

その上で、次のような方法で地球上に残った人々に災難を起こすのではないかという可能性が考えられます。

●レプティリアン体制側とドラコニアン側双方とも核保有国をそそのかし、例えば北朝鮮・イラン・ロシア対アメリカ・ヨーロッパ・イスラエル・中国で、核兵器による第三次世界大戦を起こす。核爆発と放射線汚染により地上に残った人はほとんど助からない。

●体制側の宇宙船を使って大きな隕石を誘導してきて、地球に落とす。隕石が地表に激突して大量の土砂が上空に舞い上がり、太陽光が何年も地表に届かずに植物が育たない。食料がなくなった人類も生きられない。

●体制側の宇宙船を使って氷で出来た大きな隕石を誘導してきて、地球に落とす。上空で大量の水が発生して、地表全体にノアの箱船のような大洪水を起こす。短期間で地上の人類を含めた生物は絶滅の危機となる。

●体制側が宇宙船に乗って太陽の活動を弱めるような工作を行い、地球上を短期間のうちに氷河時代にしてしまい、残っている人を食料不足にさせる。

●体制側が宇宙船に乗って太陽の活動を活発にさせる工作を行い、地球上を短期間のうちに灼熱《しゃくねつ》にしてしまい、残っている人は熱で絶滅の危機となる。

▼我々は本当のことを知る

地球人類が生き残るためには、皆さんが自分でこの本を読んだり、この陰謀論の分野を知っている人の話を聞いたりして、支配者が人類に隠している本当の地球について知ることが重要です。慣れていない方は、最初のうちはこの本の内容を全く信じられないと思いますが、少しずつ慣れていただき、体制側が皆さんに施した洗脳から覚めてほしいと思います。

そして、本当のことが分かってきたら、体制側が操っている日本政府とマスコミが言うことを、信用しないことです。この陰謀論は、支配者が人類に隠しているタブーですから、周りにいる人と目立たないように話し合ってみてください。

▼体制側に操られて悪事を働いた人は悪くない

この地球で発生する悪い事件の大部分は、地球の支配者の作戦で実施されます。私たちはマスコミ報道を信じて、政治家、役人、企業経営者、テロリストが悪いように見えてしまいます。しかし、実際は体制側の宇宙人が人間に取りついて悪事を働いているのです。

例えば、次のようなことが挙げられます。本当に悪いのは地球人ではなく、宇宙人です。

- 本当は税金を上げたくない政治家に取りついて、美辞麗句を並べて税金を上げさせます。
- 福祉施設の職員に取りついて、入所者を虐殺させます。
- 種苗会社の幹部に取りついて、商品の種をハイブリッドF1種にさせます。
- 製薬会社の幹部に取りついて、薬やワクチンに毒を仕込ませます。
- 食品会社に幹部に取りついて、食品や飲料に毒を仕込ませます。

●化学製品会社の幹部に取りついて、シャンプーや化粧品に毒を仕込ませます。
●日本企業の海外法人の幹部に取りついて、巨額損出を作らせます。
●政治家に取りついて、永年国内で運用してきた市場を、強引に体制側の企業に開放させます。
●官僚に取りついて、体制側が考えた悪の陰謀を、良い政策に塗り替えて、実行させられます。
●学校の経営者に取りついて、生徒たちに社会の役に立たない教育をさせます。
●建設会社の幹部、銀行の幹部に取りついて、長期ローンを組んだマイホームを強引に販売させます。

▼体制側に悪者にされた人も悪くない

地球の支配者は趣味が悪く、政治家、経営者、学者、芸能人に対して裏工作で醜聞を作り出し、マスコミを使ってこき下ろします。

例えば、次のようなことが挙げられます。本当に悪いのは地球人ではなく、宇宙人です。
●世の中を良くしようとしている政治家がいたら、業者に取りついて政治家に賄賂を贈り、逮捕します。
●政府を批判する学者がいたら、強引に盗撮疑惑を作り出し、逮捕します。
●体制側と敵対する宇宙人が後ろ盾になっている政治家が出てきたら、テロリスト扱いします。
●美男美女に取りついて芸能人に不倫をさせ、妻子がありながらひどいと叩きます。
●支配者の正体に気づいた人が出てきたら、オカルト主義者と呼んで、その人を信用しないように仕向けます。
●食品や薬品に毒が入っていることを訴える人には、有識者に取りついて科学的根拠がないと説明します。
●電子レンジや携帯電話で電磁波障害を訴える人にも、科学的根拠がないと扱います。
●ＵＦＯを見たという人が出たら、有機者に取りついて、火の玉などの自然現象だと説明します。

▼我々は市民運動を広げる

　私たち一般市民は力がとても弱いので、正義感のある方が一人で支配者に対抗しても、簡単にやられて無駄死にしてしまいます。宇宙人の科学技術と兵器はものすごく、もし、地球人類とまともに戦ったら、30分で殲滅《せんめつ》できると言われています。

　そこで、一般市民の皆さんは大勢でまとまって、市民運動を展開してほしいと思います。体制側も世界中の人類が団結したら無視できなくなるでしょう。人類の一部の方は支配者の食料にもなっていますので、支配者の食料難につながります。

　これまで体制側の命令で動いていた、公務員、学校教員、警察官、病院職員、会社員、銀行員、自衛官、アメリカ軍の皆さんも、寝返って一般市民側についてほしいです。

▼我々は体制側の言うことを聞かない

　市民運動の基本は、支配者の言うことを聞かない不服従運動がよいと思います。運動の方法として、次のようなことが挙げられます。

●テレビやインターネットを見ない。
●借金をして不動産を購入しない。
●マイナンバーを登録しない。
●インターネットに個人情報を流さない。
●法律で義務付けられたワクチンを接種しない。
●共同募金に（金を）払わない。
●献血をしない。
●ポイントの貯まるカードを利用しない。
●ＩｏＴや人工知能等の流行《はや》り研究・開発を行わない。
●会社の重要な製造技術を、体制側傘下の海外企業に売らない。
●体制側が権威を与えている資格、身分、肩書きをありがたがらない。
●体制側から変な人、悪い人とされた人の話をよく聞く。

体制側への不服従運動は、インドでガンジーが、アメリカでキング牧師が実施しましたが、こちらから体制側に攻撃してはいけません。

体制側が言うことを聞かない人に対して、攻撃してくる可能性は高いので、そのときは狙われた自分と仲間の命を守る行動を取ります。理想的には、全人類が一斉に不服従運動を行えば、体制側はどこに攻撃してよいのか分からなくなります。

第2部では、職業別（公務員、会社員、警察官、病院職員、学校職員、自営業、不動産業、主婦、農業、高齢者、銀行員、新聞記者、自衛官）の、不服従市民運動の取り組み例を示しました。体制側がどのように人間社会を支配していて、どうすれば改善できるのかを考える際、参考にしてください。

▼体制側と対立して起こること

人類が体制側と対立したとき、体制側は次のように社会基盤の停止や破壊を行う可能性があります。

- 体制側が運営している、テレビ放送とインターネット通信が停止します。
- 体制側が運営している、水道、電気、ガスの供給が止まります。
- 体制側が運営しているガソリンや灯油の供給が止まります。
- 店に商品がなくなり、銀行で現金を引き出せなくなります。
- 穀物の種や肥料が買えなくなります。
- 車、鉄道、飛行機、船による交通が停止します。

●台風、地震、津波、火山の噴火が襲ってきます。
●生物兵器、化学兵器、核兵器が襲ってきます。

▼我々は非常時の準備を

我々は東日本大震災の経験を生かして、いきなり襲ってくる社会基盤の停滞に、全員で協力して乗り越える準備をしたいと思います。

●大津波に備えるには、高台に避難所を作ります。
●核戦争、高温、低温に耐えるためには、地下に避難所を作ることが重要です。
●新型インフルエンザをやり過ごす、丈夫な体を作りたいです。
●避難誘導を迅速に実施する体制を作ります。
●遭難した人を迅速に救出する体制を作ります。
●負傷した人を迅速に治療する体制を作ります。
●食料と水、燃料を確保する方法を考えます。

▼我々は政府に頼らない生き方を

一般市民も自衛のため、政府に依存しない生き方を考えることが重要です。

- 穀物の種を集める（穀物の種はハイブリッドＦ１種でないこと）。
- 避難所に畑を作る。
- 畑で作物を作る。
- 避難所にかまどを作る。
- 川や海で魚を捕る。
- 森で動物を捕まえる。
- 薪を集める。
- かまどで料理を作る。
- 避難所に寝床を作る
- 避難所にトイレを作る。

▼支配体制側と奴隷人類との交渉

不服従の市民運動を継続しながら、地球人類が支配体制側に、まず要求すべき待遇改善は、「地球人類への攻撃を直ちに停止すること」です。しかし、人類への虐殺行為は、レプティリアンの趣味と食事を兼ねた営みなので、簡単には止めることはできないでしょう。解決策として、代わりにコンピューター空間で虐殺を楽しんでもらえるでしょうか。

もし、体制側が地球人への攻撃を停止したら、次に要求することは、「地球人類が生きる権利を認めること」です。これも、体制側が地球に植民して、地球人という家畜を開発して、繁殖させたので、簡単にはその権利を諦めることはできないでしょう。解決策として、食料は他の猿等の動物で代用したり、人類が献血で血を集めて提供できるかもしれません。

地球人が生きる権利を貰えたら、次に要求することは、「地球人類が自治を行うことを認めること」です。人類を長期に渡り正しい方向へ進ませるためには、自ら自治を行って、自分たちに合った国造りを行うことが重要です。この段階になると、人類には体制側とかなり対等の交渉を行う実力が求められます。

なお、現在の爬虫類型宇宙人による地球支配体制は、攻撃的な宇宙人レプティリアンが主導権を取っていて、非主流派の攻撃的な宇宙人ドラコニアンと勢力争いを行っています。また、非主流派として良心的な爬虫類型宇宙人がいると言われています。さらに、爬虫類型宇宙人とは別の種族の良心的宇宙人も地球を訪れて、地球人の境遇を心配していると言われています。

レプティリアンの植民のやり方に疑問を持っている、これらドラコニアンや良心的宇宙人たちが、体制側に反発している地球人を応援してくれる可能性は高いです。

▼人類の要求が認められない場合

体制側が人類の要求を認めない場合は、人類はこれ以上体制側の命令に従いません。

体制側は、さまざまな攻撃を人類に対して仕掛けて、この世の終わりを演出するでしょう。自衛隊、アメリカ軍、北朝鮮軍、韓国軍、ロシア軍、中国軍の皆様には、体制側が一般市民を攻撃するように命令しても、市民側に寝返って、体制側の攻撃をしのいでほしいです。

▼攻撃に巻き込まれても生き残れ

体制側が、生物兵器、核兵器、津波兵器や火山兵器で攻撃してきても、何とかやり過ごしてほしいです。さらに、隕石を落としたり、氷河期にしたり、灼熱の地獄になっても、地下に隠れてほしい。とにかく、人類全員で力を合わせて一人でも多く生き残ってほしいです。

やがて、良心的な宇宙人が立ち上がって、体制側の動きを止めるかもしれません。

▼人類の要求が認められた場合

もし、支配体制側が人類の要求を認めて、人類への攻撃を中止した場合は、人類は体制側の言うことに再び耳を傾けます。本当に宇宙人が人類支配の利権を放棄する意思があるのか、注意深く様子を見ます。

そして、体制側が本当に地球人奴隷の解放を認めたら、市民運動のリーダーが集まって、自治国を目指した準備政府をつくります。

場合によっては、体制側と自治国の間で領土の調整する必要があります。例えば、ヨーロッパ、北アメリカ、中国、南極は宇宙人体制側の支配、中国を除くアジア、オセアニア、アフリカ、南アメリカは地球人自治国の支配といったことです。

自治国の立ち上げには、東大国と唐の血を引き、器用な日本人が指導力を発揮してほしいです。

▼自主的にしっかり生きてほしい

地球人の自治が認められた場合、地球人による自治国は、積年の苦難の末、晴れての独立となります。そこで、新しい自治国には、古代にドラコニアンが統治していた東大国のように、叡智と信用に基づいた平和な社会を作ってほしいです。

レプティリアン統治時代のような暴力主義、快楽主義の統治に陥らないようにしてほしい。学校の偏差値、組織の会計、住宅ローン、振り込め詐欺は止めましょう。

▼第4章のまとめ

爬虫類型宇宙人による地球支配体制は、地球人類を近いうちに大量に処分する計画を立てていて、危機が迫っています。そこで、私たち人類は本当のことを知り、現在の社会での立場を超えて団結し、「体制側が人類への攻撃を止めるまで言うことを聞かない」という不服従の市民運動を行うことを提案します。

体制側から相当な攻撃が予想されるので、これまで支配者の命令で動いていた体制側組織の人たちも市民側に寝返り、人類全員で運動を展開してほしいです。そして、一人でも多くの市民が生き残り、良心的な宇宙人の力も借りて、何とか待遇改善を実現してほしいです。

人類が進んでいる道に分岐点が現れました。一方は、①何も知らずに体制側にだまされ利用され続けて、最後は殺されてしまう。他方は、②本当のことを知って体制側に反発して、最後は殺される運命だが、助かるかもしれない。今は人類が進路を選ぶときで、私は後者が正しい方向と考えます。

第2部

捕捉・解説編

本書の狙い

この危険な本は、この分野に慣れていない方々に、短時間でこの世の中の状況を解ってもらうため、あえて本文を簡潔な文章にまとめました。そこで、この第2部では、説明が不足している部分を補足して、さらに詳しく解説していきたいと思います。

本書のテーマは地球の支配者が人類に隠している秘密に迫ることですが、支配者は、一般の皆さんがこの陰謀論に近づかないように、注意深く監視しています。誰かがこの分野に触れようとすると、体制側からすぐに変人扱いされてしまいます。この陰謀論の分野は怖い話ばかりなのですが、地球にせっかく生まれてきた皆さんには、本当の現実を知ってもよろしいのではと思います。怖い現実を受け入れてしまうと、自分や仲間が置かれた状況が分かり、いろいろな興味が出てくると思います。

古代から支配者が隠してきた本当の歴史を予測することは難しいことです。

先人たちが命がけで書いた書籍を参考にして、足りない部分は自分で考えていくと、全体像が少しずつ見えてくるような気がします。

参考図書の中の高山長房《たかやまながふさ》氏、コンノケンイチ氏、高野愼介氏の本は、宇宙人についての情報と地球支配の歴史に詳しいです。高橋良典氏、高坂和導氏、岡田英男氏の本は、遺跡や文献から宇宙人支配に迫っています。天皇の皇統については、高山長房氏、落合莞爾《おちあいかんじ》氏の本が詳しいです。

私はこの本の中で、古代からの地球の支配者の存在を確認し、彼らによる人類の創造、地球社会の統治、人類への危害等、地球経営の実態を見た上で、今後の地球人類の待遇改善を考えていきたいと思います。

宇宙人による支配体制

太古に、輝く7種族の宇宙人が地球を訪れていたという話が伝わっています。この種族に爬虫類型宇宙人が含まれているのかは分かりません。

なお、銀河宇宙には「他の星に干渉してはいけない」というルールがあるそうですが、爬虫類型宇宙人はこのルールを守っていません。

現在の地球の支配者は、地球を植民地にして人類に危害を加えていることを地球人に隠しています。神話にしてごまかしています。

爬虫類型宇宙人は食材として、男女の子ども、若い女性の人間を好むそうです。誘拐されていなくなると、神隠しならぬ宇宙人隠しに遭ったということになります。

地球の歴史は、やはりドラコニアンとレプティリアンの2種族の対立が際立っていて、宿命のライバル同士です。人類は彼らの戦いの巻き添えを食らっています。東日本大震災もしかりです。

過去においては、ドラコニアンが造った国が地球上の大部分に広がっていて、ドラコニアンは類人猿に遺伝子操作を施して、国民になる人類を創りました。日本では日本三景（宮島、天橋立、松島）がこの品種改良の拠点だったと言われています。

宇宙人たちの寿命は千年単位と長いようです。古代の縄文時代のことも、つい昨日のことのように感じるのでしょうか。

地球の隠された歴史

宇宙人たちによる地球の支配構造が分かると、古代から現代までの地球の歴史上の謎が解けてきます。地球の支配者にとって重要なことは、自分の血を分けた皇統を創って王国を統治させることです。他に秘密結社も支配者には重要ですが、私があまり勉強していないため、今回はあまり触れません。

この地球では、支配者である宇宙人たちが自分の血を引く王国を造って、互いに覇権を争わせている戦争ゲームのような状態です。

地球の歴史の中で大きなポイントは、ムー文明、アトランティス文明、東大国の歴史が消されていることです。ただ、アトランティス大陸については現支配体制と関係が深いため、若干伝承が残っています。

地球内部には、アガルタあるいはアルザルと呼ばれる地下世界が存在し、地表から避難した地球人と宇宙から飛来した宇宙人が計9億人も住んでいると言われています。地下世界は地表と違い、平和が保たれているようです。地球内部についても人類には秘密にされています。

世界の歴史の見方

レプティリアン体制側は、アーリア人、アッシリア人、漢人を創って、地球の制覇に乗り出しました。

西アジアでは、紀元前933年に体制側が造ったアッシリア王国は、ユーラシア大陸を広範囲に侵略し、朝鮮半島にも来ていたようです。このアッシリアは無敵でしたが、紀元前612年にメディア、バビロニア、エジプト、リディアの反体制派連合についに敗れました。

しかし、アッシリアの後を受けた体制側のペルシア帝国が、また巻き返して、紀元前252年にこの地域を統一しました。このペルシア帝国もアレクサンダー大王のマケドニア王国に紀元前330年に敗れました。どうも、反体制側がアレクサンダー大王を動かしたように見えます。

西アジアの体制側の強国として、ペルシア帝国の次が3世紀~7世紀のササン朝ペルシア王国、15世紀~19世紀のトルコ帝国と続きます。

東アジアでは、紀元前221年に体制側の秦が中国を統一しました。そして、従来の東大国側の王朝の記録を焼却したり、学者を穴に埋めたりして、レプティリアンらしい恐怖政治を行いました。秦の皇帝の墓の近くでは、宇宙兵器を用いて家来を、そっくり石に変換し埋めているように思えます。

秦に続いて、体制側の漢が紀元前202年に成立し、旧来の東大国の歴史を隠し、自分たちを正統化する歴史書を作成しました。これにより、東大国の王朝と思われる夏、殷、周時代の真相が隠されました。ところが、漢の時代の途中で反体制側が陰謀を謀り、紀元後8年に「新」という国を造りました。しかし、体制側が巻き返して、西暦25年にまた漢が再興されました。

その後の中国では、しばらく安定した統一国家が現れませんでしたが、西暦589年に隋が久しぶりに中国を統一しました。その後、西暦618年に、漢人が造った唐が漢以来の安定した統一国家となり、10世紀初頭まで続きました。

唐の次に強国となった漢人の国は、14世紀~17世紀の明です。明の前にモンゴル帝国の元《げん》がユーラシア大陸を広く領土としますが、これも反体制側が仕掛けた作戦の可能性があります。

ヨーロッパでは、体制側のローマ共和国が紀元前146年に強国となりました。さらに、紀元前27年よりローマ帝国となって、領土を拡大していきました。広大となったこのローマ帝国は4世紀終わりに東西に国を分割しました。ヨーロッパで次に強国となった体制側の国は、6世紀~9世紀のフランク王国、10世紀~18世紀の神聖ローマ帝国です。

そして地球の支配者は、ヨーロッパ地域ではキリスト教、西アジア地域ではイスラム教、東アジア地域では仏教を利用して、地球人を統治しているようにうかがえます。

日本の隠された歴史

日本列島の各地に「羽」が付く地名がありますが、古代に宇宙船の飛行場だったと言われています。世界から旧東大国の王族たちが日本列島に集まってきたため、飛行場がたくさんあって当然なのでしょう。現在の羽田空港も古代の飛行場跡に出来たのかもしれません。古代の天皇の宇宙船は「ハダマ」と呼ばれていて、現在の御神輿にその伝統が残っているようです。

私の見方では、日本の歴史の問題で、大きなポイントの一つ目は、日本のドラコニアンが世界の大部分を統治していた、東大国の存在が消されていることです。レプティリアンに追われて核兵器を使い、日本列島に逃げ込んだ東大国の末裔の出自を隠しています。現在、主流派のレプティリアンにとっては、宿敵が造った国の記録は消したいのでしょうか。

天孫族が東大国を追って日本列島に侵入しましたが、おそらく、東大国が邪馬台国となり、レプティリアンが狗奴国として戦ったのではないでしょうか。

聖徳太子は、ムー大陸が載った地球儀を持っていたり、空を飛んだりしていて、良心的な宇宙人に見えます。法隆寺の夢殿も宇宙船のように見えます。

日本の歴史の大きなポイントの二つ目は、アジアのレプティリアン唐による日本征服の事実が隠されていることです。大津朝廷を破った唐軍は、旧来からの朝廷貴族である物部氏等、大陸から渡って来て朝廷に加わっていた蘇我氏等を、征服戦争後に都から追い出したのではないかと予想します。新しく造営した藤原京と平城京では、都と地方を唐の様式に改める政策が押し進められました。

ドラコニアンにとっては、唐に侵略されて、東大国を取られた事実を残したくないのでしょう。レプティリアンにとっては、東大国を破って進駐軍政権を発足したものの、表向きの系図は天智天皇から天武天皇へつながっているように見せていて、ドラコニアンの系譜に入り込んでいます。日本国内の貴族たちも、唐の進駐軍が天皇になる資格があるのか疑念を持ったと思います。複雑で難しいですが、ドラコニアンとレプティリアンがよく相談して、唐侵略の事実を隠すことにしたのでしょうか。

私の見方では、ドラコニアンが、強大な国である唐を何とか弱体化させようと、陰謀を実行したのではないかと考えます。つまり、唐の玄宗皇帝に人間兵器として楊貴妃を贈るとともに、唐の本国では漢人ではない安禄山に反乱の兵を挙げさせ、日本列島では桓武天皇に唐の駐留政府「奈良朝廷」を討たせて、中国と日本の共同作戦が功を奏したと見られます。日本のドラコニアンが大陸の反主流派の民族とつながっている可能性はあります。

私の見立てでは、日本に逃亡した玄宗皇帝は法王・道鏡に、楊貴妃は孝兼天皇（称徳天皇）に変装し、生まれた子が源氏になったのではと推定します。一般に知られている源氏の家系図は玄宗の逃亡を隠すために、捏造されているかもしれません。奈良朝廷で活躍した他の有力氏族に、日本を支えている藤原氏がいますが、私が勉強不足のため、今回はあまり触れません。

ところで、奈良と京都の都城ですが、藤原京では藤原宮が大和三山に囲まれていて、宇宙船の着陸地点を示しているようです。また、平城京、長岡京、平安京では大きな朱雀大路の先にそれぞれ平城宮、長岡宮、平安宮が配置され、宇宙船を誘導させせて着陸させせているように見えます。

玄宗逃亡の事実は、日本国内と唐本国には隠し通さなくてはなりません。そこで、玄宗と奈良朝廷の皇族は都のある近畿を離れて、東国へ移住したのではないでしょうか。

私の生活拠点である相模国（神奈川県）は、国府の候補がいくつもあったり、急に鎌倉幕府が出来たりして、謎が多い地域でした。この本での考察により、少し当時の様子が見えてきたような気がします。ドラコニアン側とレプティリアン側が相模川を挟んで対峙し、妥協策の鎌倉幕府成立は、日本の国体を変える重い出来事だったのです。しかし、あれほどの勢力を誇った源氏が鎌倉幕府でたった3代で途絶えてしまいましたが、妥協後のレプティリアンに隙があったのでしょうか。

南北朝問題と室町幕府成立時期の混乱は、レプティリアン側が天皇と将軍の両方の皇統をドラコニアン側から奪い取ろうとする大作戦でした。まさに、宇宙種族の意地がぶつかりました。最後は和解が成立して、鎌倉幕府創立のときの国体が再度復活しました。

レプティリアンは、室町幕府と江戸幕府の間、源氏の諸侯になぜ戦国時代を戦わせたのでしょうか。鎌倉幕府と室町幕府の様子を見て、もっと強い皇統を創ろうとしたと考えられます。しかし、基本的にレプティリアンは戦争好きです。

人類支配の実態

レプティリアン体制側による地球経営は、政策がくるくる変わるようにも見えます。しかし、基本的な方針は一貫した流れになっています。支配者が自分の目的を達成するために、人類はいつも道具として利用されます。支配者が地球社会を計画に沿って変えようとしていて、人類にささやいたり、先導係がお手本をやってみせたりします。

支配者は人類を幸せにしようとは思いません。自分たちの目的達成のためには、人類に迷惑がかかっても、知らん顔です。

現在の地球の支配者は縄文時代から統治していますが、はじめのうちは地球上の支配地域拡大に力を注いでいました。地球上の大部分の支配が完了すると、今度は社会に新しい産業を次々に作り出し、経済拡大を利用して奴隷の人類社会を支配しています。

まさに地球の支配者は、覇権主義による領土拡大から、金権主義による奴隷経済支配まで悪の政治を実践しています。

レプティリアン体制側は人類を役務に利用しながら、人類に対してさまざまな攻撃をしています。しかし、我々人類には支配者の姿を見たり、声を聞いたりすることはできません。つまり、支配者たちは身近なところにいて、知らないうちに私たちを利用したり、被害に遭わせたりしているのです。

以下に、体制側が地球人の社会と個人に対して、さまざまな場面で干渉してくる事例を紹介します。

●無料で使えるエネルギーを開発した人は、当局に潰《つぶ》されている。
●アメリカのドルや国債は無制限に発行しているので、実際の価値は低い。
●ワクチン接種時にＩＣチップを血管に入れ、家畜人類の管理を徹底しようとしている。
●地震兵器で人類を攻撃しながら、千年に1度の異変ですとうそぶく。
●ＨＩＶ、ＳＡＲＳ、鳥インフルエンザは体制側が開発して、地球にばらまいている。
●穀物の種の権利を独占していて、1年しか収穫できない品質の悪い種を販売している。
●地球環境を保護するという口実で、人類に災難を起こして人口を減らそうとしている。

●増税して国の予算を増やし、体制側が支配する業界へ流している。

●オリンピックは体制側が陰謀をたくらむイベントであり、東京オリンピックのために日本の経済が破綻する心配がある。

●現代の医療では無駄な医薬品が多く存在して、体制側のお抱え業界の利権となっている。

●現代の市販薬品には強い副作用があるが、国の役所と業界が使用を宣伝している。

●インフルエンザワクチンは効かないのに、役所と業界が接種を勧めている。

●子宮頸がんワクチンには毒が入っていて被害者が出ているのに、役所、業界、学者が接種を勧めている。

●電子レンジで食品を調理すると有害物質が発生する。

●携帯電話の電波は体に悪いので、イヤホンを使うとよい。

●がん治療は効かないので、自然療法を試すとよい。

●麻は産業上の用途や国民の健康に有用な材料であるので、アメリカ進駐軍が日本での利用を禁止している。

●本当は空気や水から経費の安いエネルギーが取り出せるが、体制側が人類にこれを利用させないように隠している。

●体制側は人類を飼い慣らすために、人類の評価に偏差値を導入した。

●誤報とされたSTAP細胞も、安いエネルギーと同様に、実は体制側が隠している技術らしい。

●全ての国民にマイナンバーカードを登録させることで、奴隷人類の管理を徹底できた。

●長期の借金契約を結んで、不動産物件を買うことを勧める。

●テレビにお笑いタレントを出して楽しませ、重要なことを考えさせないようにする。

●個人の人生を充実することが大事と思わせ、結婚や出産を億劫《おっくう》にさせる。

●体制側の指示で、国の役所が国内企業に製造技術を放棄するように誘導する。

●共同募金や献血は、体制側に利益が入る仕組みになっている。

●ポイントが貯まるカードにも裏がある。

●インターネットは支配者が管理運営して全部盗聴しているのに、御用学者に通信の秘密が守れていると言わせている。

- 支配者の計画に沿って、流行りの分野（現在ではＩｏＴ、人工知能、ロボット、自動運転自動車）が作られ、役所や資本家から投資してもらえる。
- 人類が獲得した製造技術を、体制側傘下の国際企業が買い取ろうとする。
- 支配者は超能力を持っていて、奴隷人類の様子を見えないところから監視している。
- 体制側は奴隷人口を減らすため、人に低周波の音を当てたりして、健康を損なわせる。
- 支配者は、高齢者の子どもや警察官に成りすまし、高齢者から財産をだまし取ろうとする。

隠された近代

東京皇統の成立も相当、謎に包まれています。鎖国政策で自国の防衛に専念してきた日本が、突然、軍隊を近代化して、中国大陸や東南アジアに攻め込む戦争好きに変わってしまいました。

日本のドラコニアンとレプティリアンが協議して、欧米に対抗できる強い指導者を創る作戦をよく練ったと思います。そして、ドラコニアンの血を引く南朝末裔の男性と、レプティリアンの血を引く一般女性が、お国のために一時的に結婚して、生まれた子どもたちの一人が東京皇統を創ったということです。

東京皇統は半分レプティリアンの血が入っているので、レプティリアン体制側の一員になったと言われています。体制側が開催する秘密会議に東京皇統も出席して、第一次世界大戦、第二次世界大戦、そして第三次世界大戦の陰謀に協力するように圧力がかかるのでしょうか。

第二次世界大戦後より、アメリカのレプティリアンの実行部隊であるアメリカ情報機関とアメリカ軍が日本列島に上陸し、現在まで彼らによる統治が続いています。日本政府がアメリカの言うことを聞かないときは、政治家の暗殺事件、航空機の墜落事故を起こして圧力をかけているようです。

アメリカは、体制側の一員である東京皇統に対しては、危害を加えません。

アメリカ軍は、レプティリアン等から宇宙技術を教えてもらい、ＵＦＯ等の最新兵器を保有していると言われています。

東日本大震災と原子力発電所事故は、レプティリアン体制側による、日本のドラコニアンに対する真剣な攻撃だったのです。2004年12月26日に発生したスマトラ島沖地震（マグニチュード9・1）と大津波は、東日本大震災の予行演習だったという話もあります。地震の発生方法も、①海底に埋め込んだ核兵器を爆発させた、②宇宙から最新兵器で攻撃した等と言われています。

ドラコニアンは長野県の地下基地に最新兵器を配備して、日本列島を守っていると言われます。しかし、今回の地震＋津波兵器攻撃を事前に察知して、止めることはできなかったようです。

福島の原子力発電所の地下には、ドラコニアンの重要な拠点が隠されていたのです。秘密裏に核兵器を製造して、日本、北朝鮮やイランの防衛に使用していたのでしょうか。地下の秘密工場は今回の地震と津波でどの程度破壊されたのでしょうか。あるいは、地上の原子力発電所の核燃料が溶け落ちて、地下の秘密工場を2次攻撃したのでしょうか。真相はわかりません。

この災害をきっかけに、一般の皆さんの防災意識、災害対応意識が高まったのは良かったです。

現在の北朝鮮問題について、日本の立場は微妙です。

ドラコニアンが、旧大日本帝国の関東軍の関係者を前最高指導者に就け、日本から拉致した女性の一人と結婚して、生まれた子が現最高指導者になっていると言われています。このようにドラコニアンの血を分けた平壌皇統をつくっていて、北朝鮮はまさに日本の兄弟国になったのです。

一方の東京皇統には、ドラコニアンとレプティリアンの両方の血が入っています。そこで、できれば東京皇統にアメリカと北朝鮮の間を取り持ってもらい、核兵器を使用した第三次世界大戦を止めていただきたいです。

自分の経験

自分が世の中の支配体制を知って反発を始めたのは、東日本大震災の後です。しかし振り返ってみると、自分は以前から本能的に体制側の誘導に逆らって生きてきたように思います。例えば、テレビをあまり見ない、各種のカードを利用しない、結婚して子どもを持つ、ローンを組んでマイホームを持たない、大学で学位を取らない、職場で管理職にならない、インターネットに個人情報を流さない、等です。

自分の生まれは普通のサラリーマン家庭であり、自分の仕事も公共機関の職員でサラリーマンです。自分には社会的な権限も、財産も超能力を持っていません。それでも、体制側は攻撃してきます。

自分には複数の人間兵器が派遣されているように思われます。体制側の唐が過去に人間兵器でやられたことへの仕返しなのでしょうか。

子宮頸がんワクチンを接種して体調が悪くなったという話は、本当に聞きます。日本政府と日本の有識者が、体制側の誘導で良いワクチンであるとだまされて、国民に接種を勧めてしまいました。被害者団体が提訴するのは当然のことで、ワクチンが原因の健康被害をずばり指摘しています。

支配者がこのワクチン薬害訴訟の事実を世間に隠そうとして、横浜の病院に侵入して点滴に毒を入れるとともに、神奈川県津久井の福祉施設でテロ殺人事件を起こしたと思われます。横浜の事件はすぐに大きな騒ぎになりませんでしたが、津久井の方は地元で起きた過去最悪の大事件となってしまい、体制側の思惑通り提訴のニュースを隠すことができました。

軍事訓練を受けていない普通の地球人では、短時間にあれだけ多数の方を刺し殺し続けることは無理でしょう。凶悪な宇宙人が被疑者の方に取りついて、実行させています。私は、ヨーロッパかアメリカのレプティリアンが犯人ではないかと見ています。海外で起きるテロ事件と同じ手口です。人間に宇宙人が取りつくと、人間の方は意識がなくなり、医者が診ると精神疾患と診断します。日本のレプティリアン主導の奈良朝廷では、悲田院という福祉施設を作って弱者救済を行っていたのに、今回の攻撃は本当に残念です。

私を狙った台風攻撃もひどかったです。宇宙人は超能力を持っていますので、念じるだけで台風を自在に動かせるのかもしれません。特に日本の東北地方と北海道は台風上陸の経験が少ないため、被害が拡大しました。体制側は、この台風を自然現象ではあり得ない進路で動かし、自分の実力を世界に誇示しているようでした。

自分の家族にも宇宙人が取りついて、命を狙われました。幸い命は助かりましたが、複雑骨折により集中治療室とリハビリテーションで半年くらい入院しました。

自分が支配者によるテロ攻撃に反発したために、余計な大型台風を日本に呼び込んでしまいました。やはり、支配者がやりたいように地球を経営させて、人類は黙って従っている方がよいのでしょうか。私はそうは思いません。このように地球が植民地になっている話は、この本のように小冊子にまとめて一般の方々に配布し、草の根の市民運動を呼びかけるべきだと思います。

私がこの本の原稿を書いていた2017年10月に、日本の国会が突然解散されて選挙になりました。うかがいしれないさまざまな背景があって、支配者がこのようなことを決めるのでしょう。私の怪しい本が近く出ることも理由の一つになるのでしょうか。

ところで、この選挙期間中は季節外れの超大型台風21号が日本列島に近づいて雨天が続き、攻撃日設定の10月22日の投票日は、奇しくも全国的に嵐となりました。選挙結果を見ると、投票率が低くなって、やはり出来たばかりの新しい党の得票が伸びずに攻撃されたようです。

そして、私が原稿を書いている間に、今度は自分の地元の座間市で多数の若い人が虐殺されるという、テロ事件が起きてしまいました。現在容疑者とされている方は、8月22日という体制側の攻撃日に犯罪を実施した物件を借りています。また、テロの犠牲者は若い女性が多く、体制側の食事の好みと合っている可能性が高いです。おそらく、容疑者の方にレプティリアンが取りついて、犯罪を実行させている可能性が高いです。

自分が早く本当のことを皆さんにお知らせしないと、犠牲者がどんどん増えてしまいます。

北朝鮮が、平成29年9月15日にミサイル発射実験を実施して、しばらく実験を控えていましたが、また、同年11月29日に発射実験を再開しました。どうも筆者である自分は、レプティリアン体制側だけでなくドラコニアン反体制側にも監視されているようで、この本の執筆が終わったことを喜んで、ミサイルを打ち上げたような感じがします。

今後の対応

レプティリアン体制側は、「この世の終わり」が2013年に到来するように計画していたが、事情によりスケジュールが遅れているようです。2011年の東日本大震災では、日本列島の東半分を海に沈める予定だったようです。そう言えば、日本列島はムー大陸が太平洋に沈んだ異変のときも、助かりました。おそらく、反体制派ドラコニアンが日本列島と天皇の皇統を守っています。

やはり一番大事なことは、一般の皆さんが世の中の本当のことを知ることです。この本は一応、1冊で隠された概要を解ってもらうことを狙っています。できたら、一人1冊ずつ携帯していただき、日常的に活用してほしいと思います。特に非常事態のときは、体制側がテレビやインターネットの運用を停止する可能性が高いので、本が頼りになります。

マイナンバーカードは家畜の識別番号のようなものですが、私の見方では、体制側がマイナンバーカードを皆さんに発行する過程で、指紋や汗から遺伝子情報を集めたと予想します。そして、宇宙人の遺伝子が含まれているかどうかと顔で、異変が起きたときに大型宇宙船で拉致すべき人間を選別しているのではないかと考えます。体制側が選びたいのは、自分の皇統の世話をする人、自分の王国の運営に使える人、王国を武力で守れる人、食料になる人です。

レプティリアンとドラコニアンは、地球に異変を起こすことについては意見が一致しています。

理想的な市民運動は、地球上に住む全人類に参加してもらうことです。そして、地球を支配している宇宙人とその秘密結社に対して、攻撃の即時停止等の待遇改善を要求します。

そして、全ての人類が団結して、体制側が要求を認めなければ、体制側の命令に従わない不服従運動を展開するのがよいと思います。

体制側と対峙するとさまざまな攻撃を受けることになりますが、地下の避難所、洞窟や山の中で何とかしのいで生き残れるように、強い人間になりたいです。

参考図書のスイス政府の本は、一般人を国の防衛にしっかり組み込むためのテキストであり、核兵器、生物兵器、化学兵器への対処方法、敵が仕掛ける革命闘争への対応、敵に占領されたときの抵抗方法まで書かれています。

中立国スイスは、レプティリアン体制側の資産が地下基地に隠されていると言われるだけあって、さすがの防衛体制です。これから体制側と対峙する我々一般市民にも勉強になります。

この世の終わりに、地球に2人の救世主が現れるとも言われています。

不服従市民運動の予想――公務員の場合

支配体制側に対する不服従の市民運動は、それぞれの地域や組織に合わせて、さまざまな展開方法があると思います。ここでは参考までに、職業別にどのような不服従運動が考えられるのかを、予想してみました。

最初は役所に勤務する公務員を想定した不服従運動の予想です。

- ある役所において、体制側の宇宙人Aが幹部Bに取りついて、欧米諸国にならって、あらゆるものにICタグを付けて、クラウドコンピューターであらゆるものを一括管理する、ＩｏＴ社会を実現することにしました。
●この役所の一部の若手職員Ｃが、地球の本当のことに気がつきました。
●ある部署のリーダーＤが職員Ｃに対して、ＩｏＴ社会に必要な開発を支援する政策を立案するように、指示しました。
●職員Ｃは、ＩｏＴ社会は地球支配を強化するだけで怪しいと思い、政策作りをためらいました。
●リーダーＤは、職員Ｃに対して仕事が遅いと叱りました。
●職員Ｃは仲間を集めて、地球問題勉強会を作りました。
●宇宙人Ａが有識者Ｅに取りついて職員Ｃを訪問し、ＩｏＴ社会を実現すると国民が大変幸福になると説きました。
●地球問題勉強会では、最初は主宰者の職員Ｃがおかしくなったと思われていましたが、意見交換をするうちに、職員Ｃの見方が少しずつ理解されるようになりました。
●職員ＣはリーダーＤに、有識者ＥやマスコミがＩｏＴ社会を素晴らしいと言っているが、自分には国民のためになるのか納得できないと進言しました。

●このリーダーDは、役所の幹部Bに職員Cの話をしましたが、指導力不足と叱られました。
●リーダーDは他の若手職員Fに対して、Cに代わりIoT社会推進の政策を作るように指示しました。
●さらに、リーダーDは職員Cが主宰する地球問題勉強会を覗いて様子を見ました。
●職員FがIoT社会実現のための政策の案を作って、リーダーDに持ってきました。
●リーダーDは、この政策を実施したら国民が本当に幸せになるのかと、職員Fに問いました。
●リーダーDと職員Fがよく打ち合わせしましたが、結局、IoT社会が国民を幸せするのか疑問は残りました。
●リーダーDは、職員Cが言ったことは本当は正しいかもしれない、と思うようになりました。
●リーダーDは職員Cと職員Fを連れて幹部Bを訪れ、IoT社会は国民に利益が少ないので、安易に海外から取り入れない方がよいと進言しました。

●幹部Bは、そのような考え方は時代錯誤で到底受け入れられず、なぜ自分の方針に逆らうのかと、拒否しました。
●リーダーDは職員Cが主宰している地球問題勉強会に入りました。
●リーダーDは、職員Cと職員Fと協力して、国民を幸せにする国内独自のネットワークを構築する政策を作りました。
●リーダーDは、役所内のいろいろな部署に自分たちの新しい考え方を説明にいきました。
●地球問題研究会では、役所内、役所外からのメンバーが増えていきました。
●役所内の大部分の部署が、リーダーDのグループの考え方を理解するようになりました。
●リーダーDは自分のグループ、他部署の協力者と共に幹部Bを訪れ、国内独自のネットワークを作る政策を提案しました。
●幹部Bは、なぜこんなに大勢で説明に来るのか、皆はリーダーDにだまされているだけのだ、当然このようなくだらない提案は却下する、と言いました。
●リーダーDをはじめとする大勢の職員が、国民のためこの提案をぜひ取り上げるように、幹部Bに詰め寄りました。

- 幹部Bはこれ以上近づくと、全員左遷するぞと脅しました。
- そのとき、幹部Bに取りついていた宇宙人Aが逃げ出しました。
- この幹部Bはわれに返り、地球の本当のことを理解しました。
- この役所では、IoT社会の実現は中止し、代わりに国民を幸せにする国内独自のネットワーク社会を目指す政策を作ることにしました。

不服従市民運動の予想――会社員の場合

次は、会社に勤務する会社員を想定して、不服従運動を予想しました。

- ある製薬企業において、体制側の宇宙人Aが社長Bに取りついて、欧米諸国と足並みをそろえて、風邪薬に極秘に毒を入れて、弱った人間を間引くことをたくらみました。
- この会社の若手社員Cが、地球の本当のことに気がつきました。
- 社長Bが部長Dを呼んで、風邪薬の製造工場において、欧米の協力会社から提供された新成分を配合する工程を追加するように指示しました。
- 社長Bは、今度は部長Eを呼んで、風邪薬の検査工程において、指示した成分以外は調べないように指示しました。

- 社員Cは製造した風邪薬の一部を抜き取って、成分を調べる仕事をしています。
- 社員Cは、ある日から風邪薬の成分に変化があることに気づき、部長Eに報告しました。
- 部長Eは社員Cに、決められた検査以外は行わないように指示しました。
- 社員Cは地球と製薬業界を怪しく思っているので、自分で風邪薬の不明な成分を明らかにしようと決意しました。
- 部長Eは、社長Bと部長Dに対して、風邪薬の有効成分には変化がないが、残りの成分に変化が認められることを報告しました。
- 社員Cは難しい分析技術を駆使して、風邪薬の不明な成分の中に毒性物質があることを見つけました。
- 社員Cは部長Eに相談し、業務では禁止されていましたが、自分の判断で風邪薬の中から毒性物質を見つけたことを話しました。
- 部長Eは、毒性物質検出について社長Bに説明しました。
- 社長Bは、そんな毒が混入したはずはなく、その検査結果は信用できない、ととぼけました。第一、許可していない分析を部下に勝手にされて、指導力不足であると、部長Eを叱りました。

●部長Eは社員Cの話をよく聞いて、地球と製薬業界に裏があるとは、はじめは信じられませんでした。

●部長Eは、部長Dをはじめ社内の関係部署に、製品の抜き取り検査で毒性物質が検出されたが、社長Bが受け入れないことを説明しました。

●部長Dは部長Eに対して、社長Bの命令により、製造工場で、欧米協力会社が提供する原料を配合する工程を追加したことを説明しました。

●部長Dと部長Eは相談して、社長Bには内緒で、追加した工程で配合している原料をサンプリングして、成分分析してみることにしました。

●宇宙人Aの裏操作により、社長Bが部長Eと部長Dを呼んで、遠方の事業所に転勤するように命じました。

●部長Eは、社員Cが言っていたことは、本当は正しいかもしれない、と思いました。

●部長Dと部長Eの後任が決まるまでは、社長Bが両部長職を兼務することになりました。

●検査担当の社員Cは、製造担当の社員Fの協力を得て、社長Bの目を盗んで、追加した工程の配合原料のサンプリングを行いました。
●社員Cが原料サンプルを分析した結果、風邪薬で発見した毒性物質と同様な成分を検出しました。
●社員Cと社員Fが外出したとき、宇宙人Aの仕掛けでヤクザが絡んできて、ふざけたまねをすると怪我をするぞと脅しました。
●社員Cと社員Fは、社内から協力者を集めて、分析結果を持参して、社長室に入りました。
●社員Cと社員Fは社長Bに、追加した原料の分析結果、製造した風邪薬の分析結果を説明しました。
●社長Bは、二人によく気がついたと褒めて賞金を渡し、これでこの件はすっきり忘れてもらいたい、と言いました。
●社員CとFは賞金の受け取りを拒否し、協力者にも中に入ってもらい、この会社の社員のモラルとして、毒が入った薬を世の中に出すわけにはいかない、と社長Bに詰め寄りました。
●社長Bは、なぜこんなに大勢で迫ってくるのか、これ以上近づくと全員クビにするぞと脅しました。

●そのとき、社長Bに取りついていた宇宙人Aが逃げ出しました。

●社長Bはわれに返り、地球の本当のことを理解しました。

●この会社では、毒が入った風邪薬の製造を中止し、代わりに消費者の体に本当に効く薬を作ることにしました。

≫不服従市民運動の予想――警察官の場合

次は、警察本部に勤務する警察官を想定して、不服従運動の予想をしました。

●ある警察本部において、体制側の宇宙人Aが本部長Bに取りついて、宇宙人たちが秘密裏に実行している事件をもみ消すことにしました。

●この警察本部の若手警察官Cが、地球の本当のことに気がつきました。

●ある日、郊外の空き地に3人の死体が発見されました。

●この警察本部が捜査を担当することになりました。

●本部長Bには、仲間の宇宙人Dが食事のために人間の血を吸った跡だと分かりました。

●捜査担当の課長Eは、凶悪な犯罪が起きたので徹底した捜査を行うよう、警察官C他に対して指示しました。

●警察官Cは事件現場入って、被害者の首に歯を当てたような跡があることを見つけました。

●宇宙人Aの仲間の宇宙人Dは、近くにいた路上生活者Fに取りついて、事件現場の警察官に自分が殺しましたと言わせました。

●警察官Cは他の警察官と共に、自白した路上生活者Fを逮捕しました。

●被害者の遺体の調査の結果、3人とも血液がほとんど抜けているが、大きな外傷はないことが分かりました。

●警察官Cは地球と警察が怪しいと思っていたので、課長Eに路上生活者Fは犯人ではなく、裏の勢力の仕業だと主張しました。

●課長Eは、この大変な捜査の時に何を馬鹿なことを言っているのだ、と一喝しました。

●警察官Cは、路上生活者Fが裏から操られているとみて、よく取り調べましたが、自分がやったと言い張りました。

●警察官Cはいきなり本部長Bを訪ねて、自分は今回の事件は裏の勢力の仕業と考えているが、課長Eが全く理解してくれないと相談しました。

●本部長Bは、面白いことを言いますねと、とぼけました。

●警察本部内の別の部署の警察官Gが、警察官Cの話を理解しました。

●警察官Cが執念深く、事件現場を遠方から監視していたビデオ映像を入手しました。

●そこには、怪しく光り輝く円盤が一瞬現れて立ち去った後に、遺体が初めて見えました。

●警察官Cは、課長Eをはじめ、関係する警察官に報告しました。

●課長Eは、このビデオ映像が作り物であるか確認を指示したところ、本物でした。

●課長Eや他の警察官は、かねて警察官Cが主張していたとんでもない話は、本当かもしれないと思いました。

●課長Eは警察官Cと共に、本部長Bの部屋を訪れ、事件現場での怪現象を映したビデオを見せました。

●本部長Bは、よく出来た映像だが自分にはとても信じられないと、とぼけました。

●本部長Bは、路上生活者Fを釈放し、この怪現象の映像については被害者の遺族、マスコミには秘密にするように指示しました。
●本部長Bは、自分の正体も近いうちにばれるかもしれない、人間に対して犯罪のやりたい放題は慎んだ方がよいかもしれない、と考えるようになりました。

不服従市民運動の予想――病院職員の場合

次は、総合病院に勤務する医師を想定した不服従運動の予想です。
●ある総合病院において、体制側の宇宙人Aが病院長Bに取りつき、患者に必要以上の薬を出して、薬の副作用で弱った人間を間引くことをたくらみました。
●この病院の若手医師Cが、地球の本当のことに気がつきました。
●病院長Bが病院の部長たちを集めて、外来と入院を含め患者を十分に治療したいので、全ての患者に薬を最大限の量を出すように指示しました。
●整形外科では、部長Dが医師Cをはじめとする医療チームに、全ての患者に薬を目いっぱい出すように伝えました。

●医師Cは、地球と病院が怪しいと思っていたので、本来、薬は患者の容体に合わせて適量を出すものであると発言しました。
●部長Dは、もちろんそれが本当ではあるが、病院長Bは病院経営、業界振興等を考えての指示と思う、と説得しました。
●大部分の医師たちは指示に従って患者に出す薬の種類と量を増やしましたが、医師Cは自分の判断で適量の薬を出すことを続けました。
●病院内のいくつかの科で、急に体調を悪くする患者が出てきました。
●医師Cは、病院長Bを訪ねて、患者に一律に最大限の薬を出すという方針はおかしいと、進言しました。
●病院長Bは、自分の立場ではそのような指示になるが、各科の現場の状況により可能な範囲で協力してほしいと諭しました。
●入院患者が急に体調を崩して死亡し、薬の副作用が疑われます。
●病院内の会議で、部長Dが患者死亡を受けて薬の出し方を減らすべきと提案しましたが、議長である病院長Bに却下されました。
●医師Cは病院長Bを訪ねて、自分は地球の裏支配を知っており、今回の指示は、患者を薬の副作用で死亡させるのが目的なのかと問い詰めました。

●病院長Bは怒って、地球の裏支配など信じないし、この私が患者を殺そうだなんて暴言にも程があると、うそぶきました。
●病院長Bは部長Dを呼んで、医師Cの暴言は度を超えていて、部長Dの指導力不足であると叱りました。
●医師Cは病院内で自分の見解を説明して、協力者を探しました。
●部長Dは、医師Cが言っていることは本当は正しいかもしれない、と思うようになりました。
●また、入院患者が急に亡くなり、薬の副作用の可能性があります。
●医師Cは部長D他の協力職員と一緒に病院長室に入りました。
●医師Cと協力職員は、病院長Bに対して、また患者が死亡したので、薬を減らしましょうと提案しました。
●病院長Bは、なぜこんなに大勢で来るのか、皆は医師Cにだまされているだけだ、薬の量は減らさない、と言いました。
●医師Cと協力職員が、この病院の使命を果たして患者に貢献するため、薬を減らすように病院長Bに詰め寄りました。
●病院長Bはこれ以上近づくと、全員クビにするぞと脅しました。

●そのとき、病院長Bに取りついていた宇宙人Aが逃げ出しました。
●病院長Bはわれに返り、地球の本当のことを理解しました。
●この病院では、過剰の薬を出すことを中止し、代わりに患者に適切な薬だけを出すことにしました。

不服従市民運動の予想——学校職員の場合

次は、ある学校法人に勤務する教員を想定した不服従運動の予想です。
●ある学校法人において、体制側の宇宙人Aが学園長Bに取りつき、将来、生徒たちが賢くなって体制側に抵抗しないように、役に立たない学問を生徒に教えようとたくらみました。
●この学園の若手教員CとDが、地球の本当のことに気がつきました。
●学園長Bは理科の教員を集めて、生徒に教える内容は自分が定めた狭い範囲に限定し、それ以外は不明と説明するように指示しました。
●また、学園長Bは社会の教員を集めて、生徒に教える内容は自分が定めた狭い範囲に限定し、それ以外は不明と説明するように指示しました。
●理科を担当している教員Cは地球と教育がおかしいと思っているので、学園長室にやって来ました。

●教員Cは学園長Bに対して、宇宙人による遺伝子操作で類人猿から人類に進化したことや、空気や水からもエネルギーが取り出せることは重要なので生徒に教えるべきです、と進言しました。

●学園長Bは、そのようなことは神学の領域なので、我々は触れてはいけません、と諭しました。

●一方、社会を担当している教員Dも地球と教育がおかしいと思っているので、学園長室にやって来ました。

●教員Dは学園長Bに対して、縄文時代に日本の前身の東大国が繁栄したことや、現在の地球社会は宇宙人の植民地になっていることは重要なので、生徒に教えるべきです、と進言しました。

●学園長Bは、そのようなことは神学の領域なので、我々は触れてはいけません、と諭しました。

●学園長Bは、最近、生意気な教員が出てきたと思いました。

●ある日、見知らぬEという人が、教員Cと教員Dを訪ねて学園に来ました。

●自分は名乗る程の者ではないと言われ、あなた方、教員CとDが勇気を出して、学園長Bに教育の改善を求めたことを褒めました。

- 「名乗る程の者でない方」E（見知らぬ人）は、今後の教育改善の運動の進め方をアドバイスしました。
- 教員Cは、理科教室の他の教員に自分の考え方を紹介しましたが、すぐには信じてもらえません。
- 教員Dは、社会科教室の他の教員に自分の考え方を紹介しましたが、すぐには信じてもらえません。
- 宇宙人Aの裏工作により、教材販売業者Fが教員Cと教員Dに派遣され、賄賂を渡そうとしましたが、教員Cと教員Dは受け取りませんでした。
- 理科教室では教員Cの考え方が、他の教員に少しずつ理解されるようになりました。
- 社会科教室では教員Dの考え方が、他の教員に少しずつ理解されるようになりました。
- 学校会議が開かれ、理事長Bが全ての教職員に対して、一部の過激な教員が訳の分からない世界観を広めようとしているので、その先導に乗らないようにと注意しました。

●しかし、理科教室と社会科教室が中心となって、教員CとDの考え方が学校内に少しずつ広がっていきました。
●危険を感じた宇宙人Aは教員Cに取りついて、通勤途中の駅で電車にひかれようとしましたが、「名乗る程の者でない方」Eが突如現れて、教員Cを助けました。
●宇宙人Aは教員Dにも取りついて、通勤途中の車で崖から転落しようとしましたが、このときも「名乗る程の者でない方」Eが現れて、教員Dを助けました。
●宇宙人Aには、自分を邪魔した「名乗る程の者でない方」Eが、良心的宇宙人であることが分かります。
●学園内では、教員Cと教員Dが殺されそうになったこともあり、教職員が団結するようになりました。
●ついに教員Cと教員Dが先導役となり、学園長Bに対して教育改革を要求し、要求が認められない場合は、ストライキを実施することになりました。
●学園長Bは、このような労働争議は全く意味がない。みんなが教員CとDにだまされているだけなので、馬鹿なまねは直ちに中止しなさい、と呼びかけました。

●「名乗る程の者でない方」Eが突如現れて、学園長Bに取りついている宇宙人Aに対して格闘を挑み、宇宙人Aを追い出しました。

●ここで学園長Bはわれに返り、地球の本当のことを理解しました。

●この学園では、役に立たないウソの教育は中止し、代わりに本当に家庭や社会で役に立つ教育を行うことにしました。

》不服従市民運動の予想――自営業の場合

次に、自宅で会計事務所を営んでいる方の不服従運動の予想です。

●体制側の宇宙人Aが、人間社会の法人の会計検査を厳しくして、業務が進まないようにすることをたくらみました。

●宇宙人Aは出版社を操作して、有名な大企業の会計不正をばらして、雑誌のスクープ記事にしました。

●会計事務所の若手税理士Bが、地球の本当のことに気がつきました。

●宇宙人Aが国の役所を操作して、不祥事防止のためとして法人の会計検査をさらに厳しくするように方針を決めました。

●国の役所は、配下の執行機関に対して、法人の会計検査をさらに厳しくするように指示しました。
●国の機関は、全国の税理士に対して、顧客企業の会計報告について膨大な量の証拠書類を添えて、厳しく作成するように指導しました。
●税理士Bは国の方針がおかしいと思い、仲間を集めて税理問題勉強会を作りました。
●税理士Bは、顧客の中小企業社長Cを訪問して相談し、このように大量の会計書類を毎日作っていたら、本来の業務ができなくなると危惧しました。
●税理士Bは国の機関の相談窓口に行って、今回の法改正で、法人会計の証拠書類が多過ぎて困っていることを相談しました。
●国の機関の相談窓口では、これは国の方針であるので、根気強く対応するように説明しました。
●税理士Bと税理問題勉強会の仲間は、税理士団体の事務局を訪れて、何か対応策はないか相談しました。
●基本的には国の規則に従うしかないが、国の役所に陳情に行く可能性もある、との回答でした。

●税理士Bは志を同じくする税理士仲間、中小企業社長と一緒に国の役所に出向き、企業会計の証拠書類を減らすように要望しました。
●税理士Bの一行は少人数でしたが、役所への陳情の後、役所近くの大通りでプラカードと横断幕を持って、デモ行進を行いました。
●空から様子を眺めていた宇宙人Aは、税理士Bが邪魔だと判断し、警察を動かして、盗撮の疑いで税理士Bを逮捕させました。
●さらに宇宙人Aはテレビ局に税理士Bの逮捕をばらし、デモ行進では威勢のいいことを言っていたが、信用できないと報道させました。
●税理士Bはしばらく謹慎しました。
●ここで、「名乗る程の者でない方」D（良心的宇宙人か？）が登場し、税理士Bの仲間に、同志の集め方、演説の仕方、デモ行進のやり方を教えました。
●「名乗る程の者でない方」Dは、謹慎中の税理士Bにも、国の役所への要望の出し方を教えました。
●税理士Bと仲間は、同志を拡大しながら、国への陳情とデモ行進を続けていきました。

- 国の役所は、はじめのうちは税理士Bたちの要望を受け取るだけでしたが、次第に話を聞いてもらえるようになりました。
- マスコミの中で一部の新聞だけが、このデモ行進を取り上げました。
- あるとき、税理士Bは、「名乗る程の者でない方」Dから有識者Eを紹介されました。
- そして、税理士Bと仲間たちは有識者Eを伴って、国の役所を訪問しました。
- 有識者Eは、役所の担当者に対して、証拠主義の会計制度は限界があるので、人の信用に基づく会計制度を取り入れるべきと説明しました。
- このとき、上空から見ていた宇宙人Aが危険を察知して降りてきて、有識者Eに取りつこうとしました。
- ところが、有識者Eには既に良心的宇宙人Fが取りついていて、降りてきた宇宙人Aとの闘いになりました。
- 格闘の結果、降りてきた宇宙人Aが良心的宇宙人Fを追い払い、有識者Eに取りつきました。
- 有識者Eは、役所の担当者に対して、やはり人間は信用できないので、会計制度は厳格な証拠主義が最高であると説明しました。

●税理士Bが有識者Eに、説明が急に変わっておかしい、目つきもおかしくなったと迫りました。

●このとき、良心的宇宙人Fが戻ってきて悪い宇宙人Aを追い払い、再び有識者Eに取りつきました。

●有識者Eは、やはり人の信用に基づく会計制度を検討した方がよいと進言しました。

●この役所では検討を重ねて、法人の会計検査を厳しくすることは止めて、代わりに法人自身の運営を信用する方針に変えていきました。

不服従市民運動の予想——不動産業の場合

次は、不動産、建設関係の方の不服従運動の予想です。

●体制側の宇宙人Aが、人間に借金で不動産を購入させて、奴隷支配することをたくらみました。

●大手建設会社の社長Bに宇宙人Aが取りついて、需要があるのか心配される新しい高級マンションを強引に建築しました。

●社長Bは、建築中からこのマンションの宣伝を熱心に行い、長期ローンを組んで、良いマイホーム物件を購入する方は立派な人という、イメージを作りました。
●この建設会社は新築マンションの販売を仲介するように、不動産業界に依頼しました。
●ある不動産店の店主Cが、地球の本当のことに気がつきました。
●この不動産店にある客Dが来店し、新築マンションのコマーシャルを見て気になり、購入しようか相談しました。
●不動産店の店主Cは、地球と不動産業は怪しいと思っていたので、客Dに高価な新築マンションを安易に勧めることは控え、収入に合わせて中古マンションの物件もあることを紹介しました。
●新築マンションを販売した建設会社の社員Eから、不動産店の店主Cに電話があり、うちの物件を熱心に紹介していないと聞きましたが、どうなっているのですか、と質問しました。
●店主Cは、お客様が収入に見合っていない高額物件を長期ローンで購入してしまうと、そのお客様が足枷《あしかせ》を嵌められた状態となり、気の毒なのです、と答えました。

●建設会社の社長Bは、最近、業界に変なやつがいると思いました。

●この新築マンションは売れ残りがあります。

●宇宙人Aは客Dに取りつき、この不動産店に来店して、新築マンションの購入と、長期住宅ローンの契約を希望しました。

●店主Cは、前回は慎重に物件選びをしましょうとお話ししたのですが、高級物件に傾いたのですね、と応対しました。

●客Dが契約書に押印しようとしていた時、突如良心的な宇宙人Fが現れて、客Dに取りついている宇宙人Aを見つけて、格闘になりました。

●闘いの結果、良心的宇宙人Fが宇宙人Aを追い出しました。

●客Dはわれに返り、新築マンションの契約書は破棄して、中古マンションの購入と短期ローンの契約をし直しました。

●宇宙人Aと建設会社社長Bは、良心的宇宙人Fに奴隷作りを邪魔されて悔しがりました。

不服従市民運動の予想——主婦の場合

次は、自宅で専業主婦をしている方の不服従運動の予想です。

- 体制側の宇宙人Aは、地球に危険な化学物質をばらまいて、人間を病気にすることをたくらみました。
- 若手の主婦Bが、地球の本当のことに気がつきました。
- 宇宙人Aが、食品メーカーCを裏から操り、食品と飲料に有害な成分を混入させたが、社外にはその成分は隠して表示しませんでした。
- 国の機関は、食品メーカーCからこの食品と飲料を販売したいとの申請を受けて、検査を行うが、隠された有害成分に気づかず販売を許可しました。
- 全国の商店で、メーカーCの食品と飲料の商品が店頭に並びました。
- 主婦Bは、この食品が販売されてから、継続的に購入して食べ続けました。
- 主婦Bは、この食品を食べていなかった時期に、1人目の子どもを産みました。
- しかし、この食品を食べるようになってから、2人目の子どもが欲しいのにもかかわらず、妊娠しませんでした。

●主婦Bは地球と食品が怪しいと思っているので、主婦仲間と情報交換して、インターネットに書き込みを行いました。
●主婦Bは産婦人科と消費者センターに、メーカーCの食品を食べてから妊娠できなくなったと相談しましたが、問題は解決しませんでした。
●主婦Bは、メーカーCの消費者窓口にも相談しましたが、そのような話は信じられませんと言われました。
●主婦Bは志を同じくする主婦仲間と一緒に、国の役所を訪問し、メーカーCの食品は健康被害があると言いましたが、取り合ってもらえませんでした。
●主婦Bの一行は少人数でしたが、役所近くの大通りでプラカードと横断幕を持って、食品に健康被害があるとデモ行進を行いました。
●空から様子を眺めていた宇宙人Aは、主婦Bが邪魔だと判断し、配下のインターネットを動かして、主婦Bの行動を科学的根拠がないと中傷しました。
●ここで「名乗る程の者でない方」D（良心的宇宙人か？）が登場し、主婦Bと仲間に、同志の集め方、演説、デモ行進、国への要望の方法を教えました。

●主婦Bと仲間は、同志を拡大しながら、国への陳情とデモ行進を続けていきました。
●国の役所は、はじめのうちは主婦Bたちの要望を受け取るだけでしたが、次第に話を聞いてもらえるようになりました。
●一部の左翼系新聞だけがこのデモ行進を取り上げました。
●あるとき、主婦Bは、「名乗る程の者でない方」Dから有識者Eを紹介されました。
●そして、主婦Bと仲間たちは、有識者Eを伴って、国の役所を訪問しました。
●有識者Eは、役所の担当者に対して、現在の食品の安全管理には限界があるので、表示されていない微量成分も検査すべきと説明しました。
●このとき、上空から見ていた宇宙人Aが危険を察知して降りてきて、有識者Eに取りつこうとしました。
●ところが、有識者Eには既に良心的宇宙人Fが取りついていて、降りてきた宇宙人Aとの闘いになりました。
●格闘の結果、降りてきた宇宙人Aが良心的宇宙人Fを追い払い、有識者E

に取りつきました。

●有識者Eは、役所の担当者に対して、やはり表示してある主成分の検査だけで十分と説明しました。

●主婦Bが有識者Eに、説明が急に変わっておかしい、目つきもおかしくなったと迫りました。

●このとき、良心的宇宙人Fが戻ってきて悪い宇宙人Aを追い払い、再び有識者Eに取りつきました。

●有識者Eは、やはり表示してない微量成分についても検査した方がよいと進言しました。

●この国の役所では検討を重ねて、食品の安全検査を厳しくする方針にしました。

不服従市民運動の予想——農業の場合

次は、農業関係を想定したときの不服従運動の予想です。

●体制側の宇宙人Aが、穀物の種にハイブリッドF1種を使用して、農業を潰し、食料難を起こすことをたくらみました。

●まず、宇宙人Aは穀物の種を生産している種苗メーカーを買収し、この種苗メーカーの社長Bに取りつきました。

●社長Bは社員に対して、当社は国際メジャーの傘下に入ったので、新しい親会社から技術提供を受けて経営方針を変えます、と説明しました。

●この種苗メーカーでは、従来からの種の販売を止めて、新たにハイブリッドF1種の種を製造・販売することにしました。

●この種苗メーカーの若手社員Cが、地球の本当のことに気がつきました。

●社員Cは地球と農業を心配しているので、社長Bを訪ねました。

●社員Cは、F1種は毎年販売が見込めるので、短期的には当社にとって良い商品かもしれません。しかし、将来的にはF1種を使用した土地は傷みが進み、やがて農業ができなくなり、種が売れなくなります、と進言しました。

●社長Bは、ものすごい科学技術力と政治力で天下を取った国際メジャーの言うことを聞いていれば、当社も安泰のはずだから、余計な心配はしなくていいよ、と諭しました。

●次に、宇宙人Aは農協の幹部Dに取りついて、農家に対して穀物の種に

Ｆ1種を使用するように勧めました。

●この農協に加盟している若手の専業農家Ｅが、地球の本当のことに気づきました。

●農家Ｅは地球と農業が危ないと思っているので、農協の幹部Ｄを訪ねました。

●農家Ｅは、Ｆ1種は毎年購入しなければいけないことが問題ですが、さらに、このＦ1種を使用し続けると土地が痛み、やがて農業ができなくなる懸念があります、と相談しました。

●幹部Ｄは、Ｆ1種は欧米で開発された優れた品種であり、土地が痛むというのは保守的な人々のデマかもしれませんので、当農協としてはＦ1種の使用を推奨します、と説明しました。

●宇宙人Ａの裏工作により、しばらくすると種苗の市場には、Ｆ1種の穀物の種しか出回らないようになりました。

●危機感を募らせていた社員Ｃと農家Ｅは、見解が一致して知り合いになりました。

●Ｆ1種だけに依存していたら農業は潰れてしまうので、本来の種子を使った農業を何とか継続させなければいけません。
●社員Cは種苗メーカーを退職し、農家Eと共同で賛同する農家を集めて、「本来の種子を使用する農場グループ」を結成しました。
●宇宙人Aは、この「本来の種子を使用する農場グループ」は、食料難を作り出して地球人を削減させる体制側の計画を、邪魔していると判断しました。
●宇宙人Aは、大型台風を作成し、「本来の種子を使用する農場グループ」が使用している農場の上を、この大型台風をゆっくりと移動させました。
●大型台風の風雨により、山が崩れたり、川が氾濫したりして、この農場グループの農地は壊滅的な被害を受けました。
●また、この農場グループの本部の建物が洪水で流され、農場グループの代表であるCとEが行方不明になりました。
●上空から見ていた宇宙人Aは作戦成功と喜びました。
●このとき、良心的な宇宙人Fが現れて、溺れていた代表CとEを救出しました。
●良心的宇宙人Fは、命拾いした代表CとEに対して、体制側のF1種普及政策に従わず、正しい農業に取り組んだことを褒めました。
●しかし裏の支配勢力の実力は強大で、すぐにこのような気象兵器で攻めてきますので注意してください、と教えました。
●良心的宇宙人Fは代表CとFに、災害や攻撃に強い農業を行うにはどうしたらよいかアドバイスしました。
●代表CとEはこの怪我が治ったら、また賛同者たちと相談して、「本来の種子を使用する農場グループ」を再開しよう、と決意を固めました。

不服従市民運動の予想——高齢者の場合

次は、年金で生活している高齢者を想定した不服従運動の予想です。
●体制側の宇宙人Aが、詐欺グループを作って、高齢者から財産をだまし取ることをたくらみました。
●この詐欺グループのリーダーBに宇宙人Aが取りついて、振り込め詐欺を実行することにしました。
●高齢者Cが地球の本当のことに気がつきました。
●詐欺グループのリーダーBは高齢者Dに電話をかけて、「俺はあなたの息子だけど、金が急に必要になったので、振り込んでほしい」と、嘘の内容でだまして振り込みを依頼しました。

●高齢者Dはだまされてしまい、銀行に行って依頼された金額を振り込んでしまいました。

●その後、高齢者Dは自分の本当の息子と連絡が取れ、電話が嘘だったことが発覚します。

●高齢者Dは警察署に被害届を出しました。

●詐欺グループのリーダーBは、今度は高齢者Cに、「俺はあなたの息子だけど、金が急に必要になったので、振り込んでほしい」と電話しました。

●高齢者Cは地球と詐欺が怪しいと思っているので、「あなたは、この電話を宇宙基地からかけているのですか」と応じました。

●リーダーBは「お父さんは何を寝ぼけたことを言っているのでしょうか」と、とぼけました。

●高齢者Cは「あなたは地球に植民している宇宙人であり、奴隷である人間に過度に干渉して、稼ぎを召し上げようとしています」と、要点を突きました。

●リーダーBは「うるせー、俺様をバカにするんじゃない。おまえは大嫌いだから、もう二度とかけないぞ」と怒って、電話を切りました。
●高齢者Cは警察署の警察官Eに被害の連絡をしましたが、高齢者Cが振り込め詐欺の犯人を宇宙人と見ている点は、警察官Eに理解されませんでした。
●リーダーBは高齢者Cに仕返しをしたいと思いました。
●宇宙人Aは、裏操作で非常に乾燥した空気を作って、高齢者Cが住む木造の家に強く吹きつけると、火事になりました。
●高齢者Cは異変に早く気づき、可能な範囲の初期消火と、消防署への迅速な通報により、小さい面積の火災で収まりました。
●高齢者Cは、現場検証に来た警察官Eに、振り込め詐欺の犯人はやはり地球を支配する宇宙人であり、今回は自分が詐欺グループの正体を指摘したために、火災攻撃を受けてしまったものである、と説明しました。
●この警察署では高齢者Cの見解がすぐには理解できないが、振り込め詐欺や放火の取り締まりを強化するため、高齢者Cの意見を今後も聞くことにしました。

不服従市民運動の予想——銀行員の場合

次は、銀行に勤務する銀行員を想定した不服従運動の予想です。

- ある銀行において、体制側の宇宙人Aが頭取Bに取りついて、あの手この手で人間に借金をさせて、利息の支払いで財産をだまし取ることをたくらみました。
- この銀行の若手銀行員Cが、地球の本当のことに気がつきました。
- 頭取Bが部長たちを集めて、一般の消費者が気づかないうちに融資を受けてしまうような金融商品を開発するよう指示しました。
- 部長Dは、部下の行員Cほかに新しい金融商品を開発するように指示しました。
- 行員Cは、地球と金融が怪しいことを知っているので、人々をだます怪しい金融商品は嫌いでした。
- 行員Cは財産がないが意欲のある事業者に融資しやすくする商品を考えて、部長Dに提案しました。
- 行員Eは、高齢者が良いことと勘違いして融資を受けてしまい、本人の死亡時に残高を弁済する商品を考え、部長Dに提案しました。

- 部長Dは、行員Eの提案は反社会的だが、弱者から広く利潤を吸い上げるので良い商品、行員Cの提案は聞こえは良いが、赤字を垂れ流す悪い商品と判断しました。
- 行員Cは部長Dに、うちの銀行はいつから暴力団に成り下がったんだと、くってかかりました。
- この部長Dは、銀行は慈善団体ではないので、行員一人一人に給料を出すために、社会から一定の利益はいただかないといけませんと言いました。
- 行員Cは一人で頭取室を訪問して、頭取Bに対して、自分は世の中に裏があることを知っており、この銀行の裏も暴かせていただきます、と進言しました。
- 頭取Bは行員Cが生意気で危険と判断し、宇宙人Aの裏操作で、行員Cが休みの日に一般女性Fを近づけました。
- 宇宙人Aは自分が運営するインターネット上で、行員Cは妻子を持ちながら、不倫したと叩きました。
- 行員Cには頭取Bに反発したため、裏の勢力から攻撃されていることが分かりました。

●行員Cは、今度は理解のある他の行員数名と一緒に頭取室へ入ると、頭取Bは、この度は公私共に大変だったようですね、と笑みを浮かべて迎えました。

●行員Cは、どうしてこの銀行は善意のある人々から金をだまし取るような仕事をするのかと聞きました。

●頭取Bは、当行は創業以来、地域の金融を支えるためにさまざまなサービスをしているが、心配なことがあるならば何でも聞こうではないか、と応じました。

●行員Cたちは、地域のための金融と言いながら、現在は罪のない住民に借金をさせ、死亡時に財産を巻き上げるようなことをやっていますと言いました。

●続けて、「他にもっとやるべきことがあるでしょう。市内にもっと有意義なことに使用するお金を流して、街を明るくすることができるはずです」と進言しました。

●頭取Bは、「お前たち何も知らない若造どもが恰好をつけるんじゃない。

当行には想像もできない力を持ったお方が控えていて、頭取の私にもどうにもならないのだ」と言いました。

●行員Cたちは頭取Bに近寄りました。

●そのとき、行員の一人がつまずいてよろけ、頭取Bのサングラスを落としてしまいました。

●行員Cは「頭取Bの目が変です。何か悪い者が取りついているようです」と迫りました。

●頭取Bは「何を失礼なことを。これ以上近づくと全員クビにするぞ」と脅しました。

●そのとき、頭取Bに取りついていた宇宙人Aが逃げ出しました。

●この頭取Bはわれに返り、地球の本当のことを理解しました。

●この銀行では、怪しい金融商品の取り扱いを中止し、代わりに個人や法人を幸せにする金融業務を行うことにしました。

不服従市民運動の予想——新聞記者の場合

次は、新聞社に勤務する記者を想定した不服従運動の予想です。

- 体制側は、日本独自のある社会制度を潰して、その利権を横取りすることを企てました。
- その一環で、体制側の宇宙人Aが、ある新聞社の社長Bに取りつき、事実と違う記事を掲載して、読者をだまして誘導しようとたくらみました。
- この新聞社の若手記者Cが、地球の本当のことに気がつきました。
- 宇宙人Aは社長Bに、国際化が進んでいる中で日本独自の社会制度は時代遅れという記事や有識者の解説を、新聞に載せるように暗示しました。
- 社長Bは部長Dに対して、日本独自の社会制度が時代遅れであるという記事を取材して作るように指示しました。
- 部長Dは、記者Cを含めた記者たちに、可能性のありそうなところへ取材に行くように指示しました。
- 記者Cは地球とマスコミが怪しいと思っています。
- 記者Cは、日本の各分野に古くから存在する互助制度を取材に行きました。
- 記者Cの取材の結果、日本古来の互助制度は素晴らしく機能していて、時代遅れではないという結論になりました。

●記者Eは、日本古来の歳時を取材しました。結果、古くて目的がはっきりしないものもありますが、時代遅れと言えるものはありませんでした。
●部長Dは、社長Bに日本の社会制度に時代遅れのものは見つかっていないと報告しました。
●社長Bは、部長Dは本当に役に立たない男と怒り、自分で日本の○○制度が時代遅れという記事を創作で書いて、新聞に載せてしまいました。
●新聞を読んだ読者が、○○制度が時代遅れなのかと信じてしまいました。
●体制側は次に、○○制度を改革することを公約にする、政治家Fを擁立しました。
●社長Bは部長Dに、政治家Fを応援する記事を、取材して作るように指示しました。
●記者Cが政治家Fにインタビューして、○○制度が時代に合っていないので改革する政策の詳細に聞きましたが、結局、こじつけた理論で納得できませんでした。
●記者Cは取材の結果を部長Dに報告し、部長Dは社長Bに説明しました。
●社長Bは、独断で政治家Fが持っている政策は素晴らしいという記事を創作で書いて、新聞に載せてしまいました。

●新聞の読者が、政治家Fの政策は良いと信じてしまいました。

●国の選挙が実施され、政治家Fが立候補して当選してしまいました。

●部長Dと記者Cは社長室へ行って、社長Bのやり方はおかしい、読者を間違った方向に誘導していると指摘しました。

●社長Bは、この新聞社の経営は難しく、自分の責任でやっているので任せなさいと言いました。

●ここで「名乗る程の者でない方」Gが登場して、記者Cに知恵を授けます。

●記者Cが○○制度を取材し、政治家Fの改革でこの部分がなくなるが、その他の部分は残るので、全体として○○制度は変化を受けながらその魂は維持される、という記事を書きました。

●社長Bは、記者Cの原稿について、○○制度の魂は役割を終え、新しい時代の制度が今始まる、と修正しようとしました。

●記者Cは社長Bに、なぜこのような修正を行うのか、正確な取材で得た情報を大事にすべきではないか、と迫りました。

●社長Bは、君は今さら何を言っているんだ、と突っぱねました。

●このとき「名乗る程の者でない方」Gが入ってきて、社長Bに宇宙人Aが取りついているのが分かりました。
●「名乗る程の者でない方」Gは良心的な宇宙人だったようで、宇宙人Aと格闘して、社長Bから追い出しました。
●社長Bはわれに返り、地球の本当のことを理解しました。
●この新聞社では、体制側の意向に沿ったウソの記事を掲載することを中止し、代わりに読者のために本当の記事を載せることにしました。

不服従市民運動の予想――自衛官の場合

最後は、自衛隊に勤務する、ある自衛官を想定した不服従運動の予想です。
●ある自衛隊において、体制側の宇宙人Aが幕僚長Bに取りつき、体制側の意向に従い、北朝鮮の核ミサイル開発を妨害することをたくらみました。
●この自衛隊の若手隊員Cが、地球の本当のことに気がつきました。
●宇宙人Aが、国の内閣と議会を裏から操作して、自衛隊の基地に北朝鮮の核ミサイルを撃墜するための、新しい兵器を配備することに決めました。
●国の政府が幕僚長Bに対して、新しい兵器を運用する体制を作って、演習を行うように指示しました。

- 良心的宇宙人Dが隊員Cに近づいて、北朝鮮軍は自衛隊の兄弟であるとささやきました。
- 隊員Cは地球と軍事同盟がおかしいと思っていたので、新しい兵器を運用する部隊を志願して、配置替えを希望しました。
- 新しい兵器を運用する部隊は、上官Eが率いて隊員Cもメンバーに入りました。
- あるとき、北朝鮮が予告なしに国内からミサイルの発射演習を行い、日本海に着弾しました。
- 上官Eと隊員Cが所属する部隊も、一時、臨戦態勢を取りました。
- 体制側の宇宙人Aが上空から監視していて、敵対する宇宙人がミサイルを発射させたのか、と怒りました。
- 北朝鮮はまたミサイルを発射し、今度は日本列島の上空を横断して、太平洋に抜ける飛行コースです。
- 上官Eは隊員Cに対して、このミサイルを標的に新しい兵器を発射する命令を出しました。

●隊員Cは上官Eの命令に従わず、新しい兵器を発射しませんでした。
●このとき、上空から監視していた宇宙人Aが異変を察知して降りてきて、隊員Cに取りつこうとしました。
●ところが、隊員Cには既に良心的宇宙人Dが取りついていて、降りてきた宇宙人Aとの格闘になりました。
●格闘の結果、降りてきた宇宙人Aが良心的宇宙人Dを追い払い、隊員Cに取りつきました。
●隊員Cは上官Eに対して、やはり北朝鮮軍は国際社会の敵であり、兵器を発射して撃墜すべきでしたと説明しました。
●このとき隊員Cは、自分に何か取りついているみたいだとわれに返り、戻ってきた良心的宇宙人Dの援護を受けて、悪い宇宙人Aを撃退しました。
●隊員Cは上官Eに、やはり北朝鮮軍は旧関東軍から派生した自衛隊の兄弟分であり、兄弟同士で戦ってはいけないと言いました。
●体制側宇宙人Aは幕僚長Bに取りつき、上官Eと隊員Cは兵器使用を怠けたので、遠方の駐屯地に配置替えする命令を出しました。

●上官Eはひどい命令だと思いながら、隊員Cが言っていたことは当初は信じられなかったが、もしかすると本当なのかもしれないと考えるようになりました。
●上官Eと隊員Cは遠方の駐屯地に向かいました。
●幕僚長Bは、今回は何とか凌いだが、近いうちに、自分の正体や北朝鮮の真実がばれるかもしれないと考えました。
●幕僚長Bは、もしかすると近い将来、あの隊員Cが実力をつけ、同志を率いて、この自衛隊本部に突入、占拠するかもしれないと想像しました。
●そして、自衛隊がアメリカ軍と一緒に北朝鮮に対抗することを止めて、代わりにアメリカ軍と北朝鮮軍の間に入って、停戦を監視する日がやって来るのでしょうか。まさか。

今後の地球社会の予想——レプティリアンが強い場合

これから地球社会に起きることを予想するのは難しいです。しかし、何も考えないよりも、解る範囲で検討しておいた方が、緊急事態に柔軟に対応するための備えになります。

ここでは、宇宙人たちの力関係に注目して、どのようなことが起きるのか予想してみます。まず、レプティリアンの勢力がドラコニアンや良心的宇宙人より優勢だった場合を想定して、地球社会がどうなっていくのか考えてみたいと思います。

●この本が出版されます。

●レプティリアン勢力はこの本が普及することを望んでいないので、インターネットに怪しい本と書き込みをしたり、本を買おうとする人に取りついたりして買わないように誘導します。

●ドラコニアンと良心的宇宙人の勢力はこの本を普及させたいが、レプティリアンがにらみを利かせているので、あまり目立つ行動はできません。

●この本を読んだ一部の人がインターネットに良い本と書き込みをするが、インターネット管理人のレプティリアンに削除されてしまいます。

●この本を読んだ一部の人が、レプティリアン体制側に待遇改善を要求して、市民運動を行います。

●レプティリアンが支配する日本政府と放送局は、怪しい人々が集まって、訳の分からないことを叫んでいると言って、相手にしません。

●一部の人たちは目立たない形で、市民運動を継続します。
●ドラコニアンと良心的宇宙人も目立たないように配慮して、市民運動を支援します。
●レプティリアンがドラコニアンに対して決闘を行うように、挑発します。
●レプティリアン主導による「この世の終わり」が演出されます。
●レプティリアンが大型宇宙船で選んだ人を拉致して、安全な場所へ避難させます。
●レプティリアンが宇宙船に乗って、氷で出来た大きな隕石を地球に運んできます。
●レプティリアンがこの氷の隕石を地上に落とすことにより、地表全体が大洪水になります。
●敗れたドラコニアンは地中の深い場所へ逃げて、再起を図ります。
●大洪水により、地上に残った人々の多くが溺死してしまいます。
●レプティリアンが引き続き地球を支配します。
●水が引いたら、レプティリアンが大型宇宙船で避難させていた人を地表に戻します。

●レプティリアンが、地球表面に類人猿を繁殖させます。

今後の地球社会の予想――ドラコニアンが強い場合

次に、ドラコニアンの勢力がレプティリアンや良心的宇宙人より優勢だった場合を想定して、地球社会に何が起きるのかを予想してみます。

●この本が出版されます。

●ドラコニアン勢力はこの本が普及することを望んでいるので、インターネットに良い本という書き込みをしたり、本を買おうか迷っている人に取りついたりして買うように誘導します。

●レプティリアン勢力はこの本の普及を止めたいが、ドラコニアンがにらみを利かせているので、あまり目立つ行動はできません。

●この本を読んだ多くの人が立ち上がり、レプティリアン体制側に改善を要求して市民運動を行います。

●レプティリアン側の放送局は、この市民運動を無視して報道しません。

●レプティリアン側日本政府は、市民運動の要求に対して骨抜きになる条件を付けようとします。

●ドラコニアン側から日本政府に対して市民の要求を真摯《しんし》に検討するように圧力をかけます。
●日本から始まった市民運動はドラコニアンの支援を受けて、世界規模に広がります。
●レプティリアン側の国際連合が、市民運動の要求受け入れを表明します。
●ドラコニアンがレプティリアンに対して、国際連合を含めた地球の利権を引き渡すように要求しますが、レプティリアンは断ります。
●ドラコニアン主導で「この世の終わり」が演出されます。
●ドラコニアンは大型宇宙船に選んだ人を拉致して、安全な場所に避難させます。
●ドラコニアンが宇宙船に乗って、太陽の活動が弱まるように操作します。
●地表が急激に氷河時代となり、食料や燃料がなくなります。
●敗れたレプティリアンは地中の深い場所へ逃げて再起を図ります。
●地表に残った人々の多くは凍死してしまいます。
●ドラコニアンが新しく地球を支配します。
●ドラコニアンが宇宙船に乗って、太陽の活動が元に戻るように操作します。

●ドラコニアンが、大型宇宙船で避難させていた人を地上に戻します。
●ドラコニアンが地上に類人猿を繁殖させます。

今後の地球社会の予想――良心的宇宙人が強い場合

次に、良心的な宇宙人の勢力がレプティリアンやドラコニアンより優勢だった場合を想定して、地球社会に何が起きるのかを予想してみます。

●この本が出版されます。
●良心的宇宙人の勢力はこの本が普及することを望んでいるので、インターネットに良い本という書き込みをして、販売促進活動を行います。
●レプティリアン勢力はこの本の普及を止めたいが、良心的宇宙人がにらみを利かせているので、あまり目立つ行動はできません。
●この本を読んだ多くの人が立ち上がり、レプティリアン体制側に待遇改善を要求して、市民運動を行います。
●レプティリアン側の放送局は、この市民運動を無視して報道しません。
●レプティリアン側日本政府は、市民運動の要求に対して骨抜きになる条件を付けようとします。

●良心的宇宙人が、日本政府に対して市民の要求に真摯に対応するように注文をつけます。
●日本から始まった市民運動は、良心的宇宙人の支援を受けて、世界規模に広がります。
●レプティリアン側の国際連合が、市民運動の要求受け入れを表明します。
●良心的宇宙人が、レプティリアンとドラコニアンが地球人類を品種改良して地球で飼っているのは、銀河宇宙のルールに違反していると諭します。
●良心的宇宙人は、レプティリアン、ドラコニアンとの交渉により、「この世の終わり」の演出を中止します。
●レプティリアンとドラコニアンが地球人類の支配権を放棄します。
●良心的宇宙人の後ろ盾で、地球人類の独立が認められます。

今後の地球社会の予想――レプティリアンとドラコニアンが強い場合

今度は、レプティリアンとドラコニアンの両勢力が良心的宇宙人より優勢だった場合を想定して、地球社会が今後どうなっていくのか考えてみたいと思います。

●この本が出版されます。
●レプティリアン勢力は、この本が普及することを望んでいないので、インターネットに怪しい本と書き込みをしたり、本を買おうとする人に取りついたりして買わないように誘導します。
●ドラコニアン勢力は、本を普及させるため、インターネットに良い本と書き込みをしたり、本を買おうとする人に取りついたりして買うように誘導します。
●本を読んだ一部の人が、レプティリアン体制側に待遇改善を要求して、市民運動を始めます。
●レプティリアンが支配する日本政府と放送局は、怪しい人々が集まって、訳の分からないことを叫んでいると言って、相手にしません。
●ドラコニアンが日本政府に対して、市民運動の声に耳を傾けるように圧力をかけます。
●ドラコニアンが市民運動が世界に広がるように支援しますが、レプティリアンの妨害に遭って一部の国にしか広がりません。
●レプティリアンとドラコニアンは互いに決闘を行うように挑発します。

●レプティリアンとドラコニアン双方による、「この世の終わり」が演出されます。
●レプティリアンが大型宇宙船で選んだ人を拉致して、安全な場所へ避難させます。
●ドラコニアンも選んだ人を大型宇宙船で拉致し、安全な場所へ避難させます。
●レプティリアン対ドラコニアンの核兵器を用いた第三次世界大戦が起こります。
●勝負がつかないまま停戦となりますが、双方に多大な被害が出ます。
●話し合いにより、地球をレプティリアン支配地域とドラコニアン支配地域に分割します。
●レプティリアン支配地域では、レプティリアンが放射性物質の無害化処理後、大型宇宙船で避難させている人を地上に戻します。
●さらに、地上に類人猿を繁殖させて、レプティリアン皇統が支配する王国を造ります。
●ドラコニアン支配地域では、ドラコニアンが放射性物質の無害化処理後、大型宇宙船で避難させている人を地上に戻します。

●さらに、地上に類人猿を繁殖させて、ドラコニアン皇統が支配する王国を造ります。

今後の地球社会の予想――レプティリアンと良心的宇宙人が強い場合

次に、レプティリアンと良心的宇宙人の両勢力がドラコニアンより優勢だった場合を想定して、今後どうなっていくのか予想してみます。

●この本が出版されます。

●レプティリアン勢力はこの本が普及しないように、インターネットに怪しい本と書き込んだり、本を買おうとする人に取りついたりして買わないように誘導します。

●良心的宇宙人の勢力はこの本を普及させるため、販売促進活動を行います。

●この本を読んだ一部の人が、レプティリアン体制側に待遇改善を要求して市民運動を始めます。

●レプティリアン側の日本政府と放送局は、怪しい人々が集まっていると言って相手にしません。

- 良心的宇宙人は日本政府に対して、市民運動の主張に耳を傾けるように圧力をかけます。
- 良心的宇宙人は市民運動を世界に広げようとしますが、レプティリアンの妨害に遭って、一部の国にしか広げられません。
- レプティリアンがドラコニアンに対して決闘を行うように挑発します。
- 良心的宇宙人がレプティリアンとドラコニアンに対して、地球人の所有権を放棄するように要求します。
- レプティリアンと良心的宇宙人が鋭く対立しますが、和解します。
- 地球をレプティリアンが支配する地域と、良心的宇宙人が支配する地域に分割します。
- レプティリアン支配地域では、レプティリアン皇統が統治する王国が造られます。
- 良心的宇宙人の支配地域では、地球人類が独立国を造ります。
- ドラコニアンは地下に深く潜って再起を図ります。

今後の地球社会の予想――ドラコニアンと良心的宇宙人が強い場合

次に、ドラコニアンと良心的宇宙人の両勢力が、レプティリアンより優勢だった場合を想定して、何が起きるか予想してみます。

●この本が出版されます。
●ドラコニアンと良心的宇宙人はこの本を普及させるため、インターネットに良い本という書き込みをしたり、本を買おうか迷っている人に取りついたりして買うように誘導します。
●レプティリアン勢力は本の普及を止めたいが、ドラコニアンと良心的宇宙人がにらみを利かせているので、あまり目立つ行動はできません。
●この本を読んだ多くの人が立ち上がり、レプティリアン体制側に改善を要求して市民運動を行います。
●レプティリアン側の放送局は、この市民運動を無視して報道しません。
●レプティリアン側日本政府は、市民運動の要求に対して、骨抜きになる条件を付けようとします。
●ドラコニアンと良心的宇宙人の側から、日本政府に対して市民の要求を真撃に検討するように圧力をかけます。

●日本から始まった市民運動は、ドラコニアンと良心的宇宙人の支援を受けて、世界規模に広がります。

●レプティリアン側の国際連合が、市民運動の要求受け入れを表明します。

●ドラコニアンがレプティリアンに対して、地球の利権を引き渡すように要求します。

●良心的宇宙人は、レプティリアンとドラコニアンに対して、地球人の所有権を放棄するように求めます。

●ドラコニアンと良心的宇宙人は鋭く対立し、ドラコニアンはレプティリアンを地中深く追い出します。

●地球をドラコニアンが支配する地域と、良心的宇宙人が支配する地域に分割します。

●ドラコニアン支配地域では、ドラコニアンの皇統が支配する王国を造ります。

●良心的宇宙人の支配地域では、人類が独立国を造ります。

今後の地球社会の予想——レプティリアン、ドラコニアン、良心的宇宙人の力が均衡している場合

最後に、3者の宇宙人の勢力が均衡している場合を想定して、地球に何が起きるか予想してみます。

●この本が出版されます。

●ドラコニアンと良心的宇宙人の勢力はこの本を普及させるため、本を買おうか迷っている人に取りついて買わせるといった販売促進活動を行います。

●レプティリアン勢力は本が普及しないようにマスコミやインターネットで怪しい本扱いしますが、ドラコニアンと良心的宇宙人の連携プレーを前に、思うように止められません。

●この本を読んだ多くの人が立ち上がり、レプティリアン体制側に待遇改善を要求して市民運動を行います。

●レプティリアン側の放送局は、この市民運動を無視して報道しません。

●レプティリアン側日本政府は、市民運動の要求に対して骨抜きになる条件をつけようとします。

●ドラコニアンと良心的宇宙人が、日本政府に対して市民の要求に真摯に対応するように注文をつけます。
●日本から始まった市民運動は、ドラコニアンと良心的宇宙人の支援を受けて、世界規模に広がります。
●レプティリアン側の国際連合が、市民運動の要求受け入れを表明します。
●良心的宇宙人が、レプティリアンとドラコニアンが地球人類を品種改良して地球で飼っているのは、銀河宇宙のルールに違反していると忠告します。
●レプティリアンとドラコニアンの連携プレーにより、この忠告を聞かず、「この世の終わり」の演出を強行しようとします。
●レプティリアンとドラコニアンが、おのおの選んだ人を大型宇宙船で拉致して、安全な場所へ避難させます。
●良心的宇宙人も、地上に残された人をできるだけ多く大型宇宙船に乗せて、避難させようとします。
●レプティリアン対ドラコニアンの核兵器を用いた第三次世界大戦が起こります。
●良心的宇宙人は核爆発による被害が軽減するように処置を行います。

●第三次世界大戦は勝負がつかないまま、停戦となります。
●この戦争によりレプティリアンとドラコニアンの力が弱まります。
●良心的宇宙人の主導でレプティリアンおよびドラコニアンと交渉します。
●レプティリアンとドラコニアンが地球人類の支配権を放棄します。
●良心的宇宙人の後ろ盾で地球人類の独立が認められます。
●レプティリアンとドラコニアンは地中深い場所に潜り、再起を図ります。

おわりに

この世の中は、ものすごい歴史と科学技術を持った宇宙人たちによって牛耳られていて、私たち微力な地球人にはどうしようもない状況です。しかし、皆さんが本当のことに気がついて、意識を強く持って連携していけば、事態を改善することができるかもしれません。

この危険な本書を読んでいただき感謝します。陰謀論に慣れていない方には、信じられない箇所が多々あると思いますが、無理をしないで少しずつ慣れてください。自分一人で悩まないで、周りの人と話をしてみてください。体制側が監視していますので、騒いだりせず、普段通りの生活をしてください。

できたら、皆さんにこの本を日常的に携帯していただき、今後さまざまに発生する問題に対して、大局観を持って冷静に判断する際に参考にしてください。また、自分がなぜ地球上の日本に生まれたのか、今後自分は何を目指して生きたらよいのかを考える上で、参考になれば幸いです。

このような本は、体制側が修正を希望したり、広く普及させたりすることを嫌うことが予想されます。一方、体制側に対抗している勢力が普及を応援する可能性も考えられます。私も執筆中にこのような抵抗勢力からイメージをもらったような気がします。この分野にご理解があり、出版にご協力いただきました㈱たま出版の皆様に感謝します。また、この本の販売にご協力いただいた書店関係の皆様にも感謝します。

●参考図書

「なぜ「世界遺産」は宇宙人のためにつくられたのか?」 岡田英男著 2015年 竹書房
「太古、日本の王は世界を治めた」 高橋良典＋日本学術探検協会著 2014年 ヒカルランド
「これまでの「世界史・地球史」は虚構! 太古《日本の宇宙文明》が地球を導いた」 高橋良典＋日本学術探検協会著 2015年 ヒカルランド
「ドラコニアンvsレプティリアンこれが《吸血と食人》の超絶生体だ!」 高山長房著 2013年 ヒカルランド
「日本はドラコニアンが作った世界最強の神州! だから、破滅の深淵から這い上がる」 高山長房著 2012年 ヒカルランド
「人類はアンドロイド! 電磁波によって完全にコントロールされる世界」 高山長房著 2014年 ヒカルランド
「[新装版] 天孫降臨/日本古代史の闇 神武の正体は爬虫類人?!」 コンノケンイチ著 2017年 ヒカルランド

「爬虫類脳の奥底に眠っていた《龍神脳》の遺伝子がついにSwitch On! 日本の龍人たちよ、一厘の仕組みに目覚めよ！」 櫻井喜美夫著 2017年 ヒカルランド
「超古代の叡智「カタカムナ」と「0理学」」 実藤遠著 2015年 たま出版
「ウタヒ・アマウツシ、ミトロカヘシ・アマナ――いざ本質世界へ！ カタカムナの使い手になる」 芳賀俊一著 2016年 ヒカルランド
「超図解 竹内文書――地球3000億年の記憶」 高坂和導編著 1995年 徳間書店
「富士王朝の謎と宮下文書」 伊集院卿著 2014年 学研パブリッシング
「京都皇統の解禁秘史 天皇とワンワールド」 落合莞爾著 2015年 成甲書房
「奇兵隊天皇と長州卒族の明治維新」 落合莞爾著 2014年 成甲書房
「世界支配と人口削減をもくろむ人たち」 ベンジャミン・フルフォード著 2014年 文芸社
「闇の支配者に握り潰された世界を救う技術［現代編］」 ベンジャミン・フル

フォード著　２０１５年　イースト・プレス
「政府は「東京直下型人工地震」で恐喝されていた３・11人工地震でなぜ日本は狙われたか［Ⅲ］福島原発の地下施設で核兵器が製造されていた」泉パウロ著　２０１２年　ヒカルランド
「人工地震［Ⅶ］環境破壊兵器ＨＡＡＲＰが福島原発を粉砕した 地球科学者らによる衝撃の内部告発！」泉パウロ著　２０１３　ヒカルランド
「どれほど脅迫されても書かずには死ねない　日本の真相！　２」船瀬俊介著　２０１４年　成甲書房
「宇宙人はなぜ地球に来たのか」韮澤潤一郎著　２０１１年　たま出版
「闇の権力とＵＦＯと日本救済」中丸薫・矢追純一著　２０１４年　文芸社
「地球人の脳は宇宙人に乗っ取られている」高野愼介&真実を公開する宇宙人グループ著　２０１７年　ヒカルランド
「民間防衛」スイス政府編　２００３年　原書房
月刊誌「ムー」学研プラス

〈著者プロフィール〉
栗原 幸男（くりはら　ゆきお）

1961年　神奈川県生まれ
1984年　神奈川県工業試験所勤務を経て現在、地方独立行政法人神奈川県立産業技術総合研究所勤務

地球の危機！　世界を支配する陰謀の正体

2018年３月20日　初版第１刷発行

著　者　栗原幸男
発行者　韮澤潤一郎
発行所　株式会社たま出版
〒160-0004　東京都新宿区四谷4－28－20
☎ 03-5369-3051（代表）
http://tamabook.com
振替　00130-5-94804
組　版　マーリンクレイン
印刷所　株式会社エーヴィスシステムズ

ISBN978-4-8127-0414-1 C0011